Quando coisas ruins acontecem com pessoas boas

Harold S. Kushner

Quando coisas ruins acontecem com pessoas boas

HISTÓRIAS QUE INSPIRAM

Tradução
Marcelo Vieira

3ª edição

Rio de Janeiro | 2024

CIP-BRASIL. CATALOGAÇÃO NA PUBLICAÇÃO
SINDICATO NACIONAL DOS EDITORES DE LIVROS, RJ

K98q

Kushner, Harold S.
Quando coisas ruins acontecem com pessoas boas : histórias que inspiram / Harold S. Kushner ; tradução Marcelo Vieira. 3ª ed. – Rio de Janeiro: BestSeller, 2024.

Tradução de: When bad things happen to good people
ISBN 978-65-5712-298-3

1. Kushner, Harold S. 2. Providência divina - Judaísmo. 3. Teodicéia. 4. Sofrimento. 5. Aconselhamento pastoral (Judaísmo). I. Vieira, Marcelo. II. Título

23-85898

CDD: 296.311
CDU: 26-184

Meri Gleice Rodrigues de Souza – Bibliotecária – CRB-7/6439

Texto revisado segundo o novo Acordo Ortográfico da Língua Portuguesa.

Título original:
When bad things happen to good people

EDITORA BEST SELLER LTDA.
Rua Argentina, 171, parte, São Cristóvão
Rio de Janeiro, RJ – 20921-380
que se reserva a propriedade literária desta tradução.

Impresso no Brasil

ISBN 978-65-5712-298-3

EM MEMÓRIA DE

AARON ZEV KUSHNER

(1963-1977)

Ele respondeu: "Enquanto a criança ainda estava viva, jejuei e chorei. Eu pensava: 'Quem sabe? Talvez o Senhor tenha misericórdia de mim e deixe a criança viver.' Mas agora que ela morreu, por que deveria jejuar? Poderia eu trazê-la de volta à vida? Eu irei até ela, mas ela não voltará para mim."

(*2 Samuel 12.22-23*)

Sumário

INTRODUÇÃO

Por que escrevi este livro

Este não é um livro de resumos sobre Deus e teologia. Também não há tentativas de escrever difícil ou usar formas inteligentes de reformular questões num esforço para nos convencer de que nossos problemas não são realmente problemas, que apenas pensamos que são. Este é um livro muito pessoal, escrito por alguém que acredita em Deus e na bondade do mundo, alguém que passou a maior parte da vida tentando ajudar outras pessoas, e foi compelido por uma tragédia pessoal a repensar tudo o que lhe foi ensinado sobre Deus e Seus desígnios.

Meu filho, Aaron, tinha acabado de completar 3 anos quando minha filha, Ariel, nasceu. Aaron era uma criança muito esperta e feliz, e antes dos 2 anos já era capaz de identificar dezenas de diferentes espécies de dinossauros e explicar pacientemente a um adulto que os dinossauros estavam extintos. Minha esposa e eu começamos a nos preocupar com sua saúde desde o momento em que ele parou de ganhar peso, aos 8 meses, e desde o momento em que seu cabelo começou a cair, depois que completou 1 ano. Médicos de renome o examinaram, atribuíram nomes complicados à sua condição e nos asseguraram que ele não cresceria muito, mas que acompanharia sem problemas todos os demais aspectos da faixa etária em que se encontrasse. Pouco antes do nascimento de nossa filha, nos mudamos de Nova York para um subúrbio de Boston, onde me tornei rabino da congregação local. Soubemos que o pediatra da comunidade estava pesquisando sobre problemas de crescimento em crianças e o apresentamos a Aaron. Dois meses depois — no dia em que nossa filha nasceu —, ele visitou minha esposa no hospital e nos disse que a condição de Aaron se chamava progéria, ou "envelhecimento acelerado". Segundo ele, nosso filho nunca teria mais que um metro de altura, cabelo nem quaisquer pelos faciais ou corporais. Além disso, afirmou que ele teria a aparência de um velhinho ainda criança e que viveria apenas até o início da adolescência.

Como se lida com uma notícia dessas? Eu era um rabino jovem e inexperiente, não tão familiarizado com o processo de luto como viria a ser, e o que experimentei naquele dia foi principalmente um profundo e doloroso sentimento de injustiça. Não fazia sentido. Eu havia sempre sido uma boa pessoa. Tentara fazer o que era certo aos olhos de Deus. Mais que isso, estava vivendo mais comprometido com a religião que a maioria das pessoas que eu conhecia, pessoas que faziam parte de famílias numerosas e saudáveis. Eu acreditava estar seguindo os caminhos de Deus e fazendo Sua obra. Como aquilo poderia estar acontecendo com minha família? Se Deus existia, como poderia fazer aquilo comigo, se era minimamente justo, que dirá amoroso e misericordioso?

E mesmo que Ele pudesse me convencer de que eu merecia tal punição por algum pecado de negligência ou orgulho do qual não estava ciente, por que motivo tinha de ser Aaron a sofrer? Ele era uma criança inocente, feliz e extrovertida de 3 anos. Por que ele deveria padecer de dores físicas e psicológicas todos os dias de sua vida? Por que precisava ser alvo de olhares e dedos apontados aonde quer que fosse? Por que fora condenado a se tornar adolescente, ver outras pessoas começando a namorar, e perceber que nunca saberia o que é se casar ou ser pai? Simplesmente não fazia sentido.

Como a maioria das pessoas, minha esposa e eu crescemos com a imagem de Deus como uma figura paterna onisciente e onipotente que nos trataria como nossos pais terrenos, ou ainda melhor. Se fôssemos obedientes e merecedores, Ele nos recompensaria. Se nos portássemos mal, Ele nos disciplinaria, relutantemente, mas com firmeza. Ele nos protegeria de sermos feridos ou nos magoarmos, e zelaria para que tivéssemos o que merecemos na vida.

Eu, assim como a maior parte das pessoas, estava ciente das tragédias humanas que compõem os dias sombrios — jovens que morrem em acidentes de carro, pessoas alegres e amorosas que padecem com doenças graves, vizinhos e parentes sobre cujos filhos com deficiência intelectual as pessoas cochicham a respeito. Essa consciência, no entanto, nunca me levou a questionar a justiça de Deus, ou Sua lisura. Eu presumia que Ele sabia mais sobre o mundo.

Então veio aquele dia no hospital quando o médico nos deu o diagnóstico de Aaron e explicou o que era progéria, contradizendo tudo o que me fora ensinado. Eu repetia mentalmente: *Isso não pode estar acontecendo. Não é assim que o mundo deve funcionar. Tragédias como esta deveriam acontecer a pessoas egoístas e desonestas que eu, como rabino, tentaria então confortar, assegurando-as do amor misericordioso de Deus.* Como poderia estar acontecendo comigo, com meu filho, se o que eu acreditava sobre o mundo era verdade?

Li recentemente a respeito de uma mãe israelita que, todos os anos, no aniversário do filho, saía no meio da festa rumo à privacidade de seu quarto para chorar, porque ele estava agora um ano mais perto do serviço militar, um ano mais perto de colocar a vida em perigo — possivelmente, também de torná-la uma entre os milhares de mães israelitas que enterram o filho morto em ação. Ao ler isso, soube exatamente como essa mãe se sentia. Todos os anos, no aniversário de Aaron, minha esposa e eu celebrávamos e nos alegrávamos por ele estar crescendo e se desenvolvendo. Contudo, éramos tomados pela fria presciência de que a passagem de mais um ano nos aproximava do dia em que ele seria tirado de nós.

Eu soube então que um dia escreveria este livro, por causa de minha necessidade de colocar em palavras algumas das coisas mais importantes que aprendi e em que passei a acreditar. E também para ajudar outras pessoas que um dia poderiam se encontrar em situação semelhante. Este livro seria para todos aqueles que queriam continuar a crer, se manter fiéis à sua fé e passíveis de consolo pela religião, mas se viam impedidos por causa da ira que sentiam em relação a Deus. Eu escreveria este livro para todos cujo amor a Deus e devoção a Ele os levaram a se culpar pelo próprio sofrimento e a se convencer de que o mereciam.

Não havia muitos livros, assim como não havia muitas pessoas, para nos ajudar quando Aaron estava vivendo e morrendo. Os amigos tentaram e foram úteis, mas quanto eles de fato poderiam fazer? E os livros a que recorri preocupavam-se mais em defender a honra de Deus, com provas lógicas de que o mal é realmente bom e necessário para tornar este mundo um lugar melhor, do que em curar a perplexidade e angústia dos pais de uma criança moribunda. Eles tinham todas as respostas para as próprias perguntas, mas nenhuma para as minhas.

Espero que este livro não seja assim. Não me propus a escrever um tratado para defender ou justificar Deus. Não há necessidade de replicar os muitos já existentes que estão enchendo as prateleiras e, mesmo se fosse esse o caso, não tenho formação em filosofia. Sou basicamente um homem religioso que foi ferido pela vida, e eu quis escrever um livro que pudesse ajudar quem estivesse em condição semelhante, de alguma maneira atingido pela morte, por alguma doença ou lesão, por rejeição ou decepção — e que, no fundo, sabe que, se há justiça no mundo, merecia algo melhor. O que Deus pode significar para essa pessoa? A quem ela pode recorrer em busca de força e esperança? Se você é alguém assim, se quer acreditar na bondade e na justiça de Deus, mas sente dificuldade por causa das coisas que aconteceram com você e com as pessoas de quem gosta, então terei sido bem-sucedido no propósito de extrair alguma bênção da dor e do pranto de Aaron se este livro ajudar você a conseguir.

Se algum dia eu me der conta de que meu livro está afundado em explicações teológicas técnicas, ignorando a dor humana que deveria ser seu fio condutor, espero que lembrar o motivo pelo qual me propus a escrevê-lo me faça voltar ao rumo certo. Aaron morreu dois dias depois de seu aniversário de 14 anos. Este é o livro dele, porque qualquer tentativa de dar sentido à dor e ao mal do mundo será considerada bem ou malsucedida, na medida em que oferece uma explicação aceitável da razão de ele e nós termos de passar pelo que passamos. E é também o livro dele em outro sentido — porque sua vida o tornou possível e sua morte o fez necessário.

UM

Por que os justos sofrem?

Há apenas uma pergunta que realmente importa: por que coisas ruins acontecem com pessoas boas? Todas as outras conversas teológicas são intelectualmente desviantes; um pouco como fazer as palavras cruzadas no jornal de domingo e dar-se por satisfeito quando os termos se encaixam — mas, em última análise, ausente da capacidade de alcançar as pessoas no que realmente faz diferença. Praticamente todas as conversas significativas que já tive sobre o assunto "Deus e religião" começaram com essa pergunta, ou chegaram a ela em pouco tempo. Todos os meus interlocutores têm uma coisa em comum — não só o paciente aflito que acaba de receber um diagnóstico desanimador no consultório médico, como também o estudante universitário que não mais acredita na existência de Deus, ou o estranho que vem a mim em uma festa no momento em que estou de saída e diz: "Ouvi falar que você é rabino; como você pode acreditar que..." —: estão aflitos quanto à distribuição injusta do sofrimento no mundo.

As desgraças das pessoas boas não são apenas um problema para os que sofrem e as respectivas famílias. São também para todos os que querem acreditar num mundo justo, razoável e habitável. Elas inevitavelmente geram provocações a respeito da bondade, da benevolência, até mesmo da existência de Deus.

Sou rabino de uma congregação composta por seiscentas famílias — cerca de 2.500 pessoas. Visito-as no hospital, oficio seus funerais, tento ajudá-las a superar o sofrimento de passar por divórcios e demissões, ou de alguma infelicidade em relação aos filhos. Ouço-as contar histórias de parceiros com doenças terminais, de pais senis para os quais uma vida longa é mais uma maldição que uma bênção, de pessoas a quem amam e que veem contorcidas pela dor ou engolidas pela frustração. E acho muito difícil dizer a elas que a vida é justa, que Deus dá às pessoas o que elas merecem e precisam. De tempos em tempos, tenho visto famílias e até comunidades inteiras se unirem em oração pela recuperação de um enfermo, apenas para ter suas esperanças e orações ridicularizadas. Testemunhei pessoas erradas adoecerem, serem feridas, morrerem cedo.

Como todos os leitores deste livro, assisto ao noticiário do dia e sou atingido pelos novos desafios à ideia da bondade do mundo: assassinatos sem sentido, trotes fatais, jovens mortos em acidentes de carro a caminho do casamento ou voltando do baile de formatura. Acrescento essas histórias às tragédias pessoais que vivi e me pergunto: *Posso, de boa-fé, continuar ensinando às pessoas que o mundo é bom e que um Deus bondoso e amoroso é responsável pelo que acontece?*

Ninguém precisa ser um santo, um ser humano extraordinário, para enfrentar esse problema. Conhecemos pouquíssimas pessoas altruístas, e por isso não costumamos nos perguntar "Por que sofrem aqueles que nunca fazem nada de errado?". Contudo, muitas vezes questionamos a razão de as pessoas comuns, os vizinhos simpáticos, aqueles que não são nem extraordinariamente bons nem incrivelmente maus, de repente terem que enfrentar a agonia da dor e da tragédia. Se o mundo fosse justo, eles não mereceriam isso. Não são nem muito melhores nem muito piores que a maioria das pessoas que conhecemos; então por que a vida deles precisa ser muito mais difícil? Perguntar "Por que os justos sofrem?" ou "Por que coisas ruins acontecem com pessoas boas?" não é limitar nossa preocupação ao martírio de santos e sábios, e sim tentar entender o que leva as pessoas comuns — nós e quem está ao nosso redor — a ter que suportar cargas extraordinárias de dor e pesar.

Eu era um rabino jovem e inexperiente quando fui convocado para ajudar uma família numa tragédia inesperada e quase insustentável. Um casal de meia-idade recebera, durante o café da manhã, um telefonema da enfermaria da universidade em que a filha, uma jovem brilhante de 19 anos, era caloura. "Temos más notícias para vocês. Sua filha desmaiou no caminho para a aula esta manhã. Parece que um aneurisma se rompeu no cérebro dela. Ela morreu antes que pudéssemos ajudá-la. Sentimos muito."

Atordoados, eles pediram a um vizinho que os encontrasse para ajudá-los a decidir o que fazer. O vizinho notificou a sinagoga, e eu fui vê-los naquele mesmo dia. Entrei na casa deles, sentindo-me muito inadequado, sem saber as palavras exatas que pudessem aliviar a dor que estavam sentindo. Previ raiva, choque, tristeza, mas não esperava ouvir as primeiras palavras que disseram: "Sabe, rabino, não jejuamos no último Yom Kippur."

Por que disseram isso? Por que assumir que eram, de alguma forma, responsáveis por aquela tragédia? Quem os ensinara a acreditar em um Deus que abateria uma jovem bonita e talentosa, sem qualquer aviso, como punição pela infração ritual de outra pessoa?

Por gerações, uma das maneiras pelas quais as pessoas tentaram entender o sofrimento do mundo foi presumir que merecemos o que recebemos; que, de alguma forma, nossos infortúnios vêm como punição por nossos pecados:

- "Digam aos justos que tudo lhes irá bem, pois comerão do fruto de suas ações. Mas ai dos ímpios! Pois tudo lhes irá mal! Terão a retribuição pelo que fizeram as suas mãos." (Isaías 3.10-11)

- "Mas o Senhor reprovou a conduta perversa de Er, filho mais velho de Judá, e por isso o matou." (Gênesis 38.7)
- "Nenhum mal atingirá o justo, mas os ímpios estão cobertos de problemas." (Provérbios 12.21)
- "Reflita agora: Qual foi o inocente que chegou a perecer? Onde foi que os íntegros sofreram destruição?" (Jó 4.7)

Encontraremos essa atitude mais adiante no livro, quando discutirmos a questão da culpa. É tentador, em certo nível, acreditar que coisas ruins acontecem com as pessoas (especialmente aos outros) porque Deus é um juiz justo que lhes dá exatamente o que merecem. Pensando dessa forma, mantemos o mundo ordenado e compreensível. Damos às pessoas a melhor razão possível para serem boas e evitarem pecar. E, acreditando nisso, podemos manter uma imagem de Deus como o Todo-Amoroso, o Todo-Poderoso, totalmente no controle. Dada a realidade da natureza humana — nenhum de nós é perfeito e cada um pode, sem muita dificuldade, pensar em coisas que fez, mas não deveria —, conseguimos sempre encontrar motivos para justificar o que nos acontece. Entretanto, quão reconfortante, quão religiosamente adequada é essa resposta?

O casal que tentei confortar — pais que perderam inesperadamente a única filha, de 19 anos — não era dos mais religiosos. Eles não frequentavam a sinagoga; nem sequer jejuavam no Yom Kippur (uma tradição que até mesmo judeus não praticantes costumam manter). Quando foram abatidos pela tragédia, porém, voltaram à crença básica de que Deus pune as pessoas por seus pecados. Eles sentiam que a morte da filha fora culpa deles; se tivessem sido menos egoístas e menos preguiçosos quanto ao jejum do Yom Kippur seis meses antes, ela ainda poderia estar viva. Estavam com raiva de Deus por ter exigido seu quinhão de carne com tanto rigor, mas com medo de admitir nutrirem o sentimento por temerem uma nova punição. A vida os havia magoado e a religião não os podia confortar. Ao contrário: ela fazia os dois se sentirem pior.

A ideia de que Deus dá às pessoas o que elas merecem, de que nossos erros são a causa de nosso infortúnio, é uma solução descomplicada e atraente para o problema do mal em todos os níveis, mas tem uma série de graves limitações. Como testemunhamos, ela ensina as pessoas a se culparem; traz responsabilidade mesmo quando não há qualquer fundamento para que ela exista. Isso faz as pessoas odiarem Deus, assim como as faz odiar a si mesmas. E o mais perturbador de tudo é que nem mesmo se encaixa nos fatos.

Talvez, se vivêssemos antes da era das comunicações de massa, poderíamos crer nesta tese, como muitas pessoas inteligentes daqueles séculos acreditaram; era mais fácil. Havia menos coisas ruins acontecendo com pessoas boas para serem ignoradas. Sem os meios de comunicação de hoje, sem livros de história, era possível ignorar a morte de uma criança ou de um vizinho religioso. Sabemos demais sobre o mundo hoje em dia para que consigamos adotar esse comportamento. Como pode alguém que reconhece lugares e acontecimentos como Auschwitz e M⊠ Lai, ou que já caminhou pelos corredores de hospitais e asilos, ousar responder à questão do sofrimento do mundo citando Isaías: "Digam aos justos que tudo lhes irá bem"? Para acreditar nisso hoje, uma pessoa teria que negar os fatos que implacavelmente a cercam, ou então definir o que ele quer dizer com "justo" para se adequar aos fatos inescapáveis. Teríamos que dizer que os justos são aqueles que vivem longa e prosperamente — fossem ou não honestos e caridosos — e os maus são os que sofrem, mesmo que sua conduta fosse louvável.

Uma história verdadeira: um garoto de 11 anos que conheci descobriu-se míope em um exame de vista rotineiro na escola. Ninguém ficou muito surpreso com a notícia, já que tanto os pais quanto a irmã mais velha usavam óculos. No entanto, por alguma razão, o menino ficou profundamente chateado, e não disse a ninguém o motivo. Finalmente, a história veio à tona certa noite, quando a mãe o colocava para dormir. Uma semana antes do exame de vista, o menino e dois amigos mais velhos estavam vasculhando uma pilha de lixo que um vizinho tinha separado para coleta, e encontraram um exemplar da revista *Playboy*. Sabendo que estavam aprontando, eles passaram um bom tempo olhando as fotos de mulheres nuas. Quando, alguns dias depois, o menino descobriu que precisava de óculos, chegou à conclusão de que Deus o estava cegando como punição por ele ter visto aquelas fotos.

Por vezes, tentamos dar sentido às provações da vida dizendo que as pessoas de fato recebem o que merecem, mas apenas com o passar do tempo. A qualquer momento, a vida se mostra injusta e as pessoas inocentes parecem estar sofrendo. Contudo, acreditamos que se esperarmos tempo suficiente, veremos emergir a retidão do plano de Deus.

Assim, por exemplo, temos o Salmo 92, que louva a Deus pelo mundo maravilhoso e perfeitamente justo que Ele nos deu, e insinua que pessoas tolas encontram falhas nele porque são impacientes e não dão a Deus o tempo necessário para que Sua justiça seja feita.

Como são grandes as tuas obras, Senhor,
como são profundos os teus propósitos!
O insensato não entende,
o tolo não vê,
que, embora os ímpios brotem como a erva,
e floresçam todos os malfeitores,
eles serão destruídos para sempre.
Os justos florescerão como a palmeira;
crescerão como o cedro-do-líbano;
para proclamar que o Senhor é justo.
Ele é a minha Rocha; nele não há injustiça.

(Salmo 92.5-7, 12, 15)

O salmista quer explicar o aparente mal do mundo como algo que não compromete a justiça e a retidão de Deus. Ele faz isso comparando os ímpios com a erva e os justos com uma palmeira ou um cedro. Se você plantar a palmeira e a erva no mesmo dia, esta última começará a brotar muito mais cedo. Nesse ponto, uma pessoa que não entende nada do que diz respeito à natureza presumiria que a erva acabaria por se tornar mais alta e mais forte do que a palmeira, só por estar crescendo com mais velocidade. O observador experiente, porém, saberia que a vantagem inicial da erva é apenas temporária, que ela murcharia e morreria em alguns meses, enquanto a árvore cresceria lentamente, mas ficaria mais reta e alcançaria maiores altitudes, sobrevivendo a mais de uma geração.

Assim, também, sugere o salmista, as pessoas insensatas e impacientes veem a prosperidade dos ímpios e o sofrimento dos justos e chegam à conclusão de que vale a pena ser perverso. Observem a situação a longo prazo, aponta ele, e verão os ímpios murcharem como a erva e os justos prosperarem lenta mas seguramente, como a palmeira ou o cedro.

Se eu pudesse me encontrar com o autor do Salmo 92, o felicitaria por ter composto uma obra-prima da literatura devocional e o agradeceria por dizer algo perspicaz e importante sobre o mundo em que vivemos: ser desonesto e inescrupuloso muitas vezes dá às pessoas uma vantagem inicial — a justiça, porém, tarda mas não falha. Como escreveu o rabino Milton Steinberg em *Anatomy of Faith* [Anatomia da fé]: "Considere o padrão dos assuntos humanos: como a mentira tem pernas curtas; como o mal tende a destruir-se; como toda tirania eventualmente invoca a própria danação. Agora, compare-o com o poder perene da verdade e da retidão. Poderia o contraste ser tão nítido, a menos que algo no esquema das coisas desencorajasse o mal e favorecesse o bem?"

Dito isso, gostaria de salientar, no entanto, que na teologia dele há uma boa concentração de pensamento positivo. Mesmo que eu permitisse que os ímpios não ficassem impunes e pagassem pela própria maldade de uma forma ou de outra, não poderia dizer amém à afirmação de que "os justos florescerão como a palmeira". O salmista quis nos fazer crer que, dado tempo suficiente, os justos alcançarão e superarão os ímpios na obtenção das coisas boas da vida. Como ele explica o fato de que Deus, que provavelmente está por trás desse arranjo, nem sempre dá ao homem justo tempo para alcançá-lo? Algumas pessoas boas morrem insatisfeitas; outras consideram que uma vida longa é mais um castigo que um privilégio. O mundo, infelizmente, não é um lugar tão organizado como o salmista quer que acreditemos.

Penso num conhecido meu que construiu um negócio modestamente bem-sucedido ao longo de muitos anos de trabalho árduo, e foi à falência depois de ser enganado por um homem em quem confiava. Posso dizer a ele que a vitória do mal sobre o bem é apenas temporária, que os maus atos do outro o alcançarão. Entretanto, meu conhecido é um homem já não tão jovem, cansado, frustrado e cético em relação ao mundo. Quem assumirá os custos da universidade dos filhos dele, ou as despesas médicas, que são características da velhice, até que a justiça de Deus o alcance? Não importa quanto eu queira acreditar, como Milton Steinberg, que no fim das contas a justiça emergirá, posso garantir que ele vai viver o suficiente para se ver vingado? Acho que não posso compartilhar do otimismo do salmista de que os justos, em um futuro ainda distante, florescerão como a palmeira e darão testemunho da retidão de Deus.

Muitas vezes, as vítimas do infortúnio tentam se consolar com a ideia de que Deus tem as razões Dele para fazer acontecer o que quer que seja — que, inclusive, elas não estão em posição de julgar. Penso numa mulher que conheço chamada Helen.

A coisa toda teve início depois que Helen começou a se sentir cansada por andar alguns quarteirões ou ficar em pé numa fila. Ela achou que era por ter envelhecido e engordado. Certa noite, porém, voltando para casa depois de jantar com amigos, Helen tropeçou na soleira da porta da frente, derrubou uma luminária e caiu no chão. Seu marido tentou fazer piada sobre ela ter ficado bêbada com apenas dois goles de vinho, mas Helen suspeitou que não era uma simples piada, que havia algo errado. Na manhã seguinte, ela marcou uma consulta com um médico.

O diagnóstico foi de esclerose múltipla. O médico explicou que se tratava de uma doença neurológica degenerativa

— ou seja, ela progrediria rapidamente ou ao longo de muitos anos. Em algum momento, Helen teria mais dificuldade de andar sem a ajuda de algo ou alguém que lhe oferecesse apoio. No fim das contas, ficaria confinada a uma cadeira de rodas, perderia o controle do intestino e da bexiga e precisaria de cuidados até morrer.

O pior dos temores de Helen se tornara realidade. Ela desatou a chorar quando ouviu o diagnóstico. "Por que isso tem que acontecer comigo? Eu tentei ser uma boa pessoa. Tenho marido e filhos pequenos que precisam de mim. Não mereço isso. Por que Deus me faria sofrer desse jeito?" O marido pegou a mão dela e tentou consolá-la: "Você não pode falar assim. Deus deve ter as razões Dele, e não cabe a nós questioná-Lo. Você tem que acreditar que se Ele quiser que você melhore, você vai melhorar; se Ele não quiser, tem que haver algum propósito nisso."

Helen tentou encontrar paz e força nas palavras do marido. Ela queria ser consolada pela certeza de que havia um propósito para seu sofrimento, algo além de sua capacidade de compreensão; queria acreditar que, de alguma forma, tudo fazia sentido. Durante toda a vida, ela fora ensinada — na escola religiosa e nas aulas de ciências — a ver que o mundo fazia sentido, que tudo acontecia por um motivo. Helen precisava desesperadamente continuar acreditando, para manter sua crença de que Deus estava no controle — porque se Ele não estivesse, quem estaria? Se era difícil viver com esclerose múltipla, pior ainda seria conviver com a doença e a ideia de que as coisas aconteciam às pessoas sem qualquer razão, de que Deus tinha perdido o contato com o mundo e as coisas estavam seguindo sem ninguém no comando desde então.

Helen não queria questionar as ações divinas ou ficar com raiva de Deus. Contudo, as palavras do marido só a fizeram se sentir mais abandonada e desnorteada. Que tipo de propósito maior poderia justificar o que ela estava por enfrentar? Como tudo aquilo poderia, de alguma forma, ser bom? Por mais que tentasse, Helen se sentia irritada, magoada e traída por Deus. Ela sempre havia sido uma boa pessoa; talvez não perfeita, mas honesta, trabalhadora, prestativa, bondosa como a maioria das pessoas e melhor que muitas que esbanjavam saúde. Que razões Deus poderia ter para fazer aquilo com ela? Além de tudo, sentia-se culpada por estar com raiva Dele. Sentia-se sozinha em seu medo e sofrimento. Se Deus tinha sido o responsável por enviar para Helen tamanha aflição, se fora Ele que, por algum motivo, quisera que ela sofresse, como ela poderia pedir-Lhe que a curasse?

Em 1924, o romancista norte-americano Thornton Wilder tentou abordar essa questão no romance *A Ponte de San Luis Rey*. Numa pequena cidade do Peru, uma ponte feita de cordas sobre um abismo se rompe e as cinco pessoas que a estavam atravessando despencam para a morte. Um jovem padre católico, o irmão Junípero, é testemunha da tragédia e fica incomodado com o ocorrido. Aquilo havia sido obra do acaso ou, de alguma forma, a vontade de Deus? Ele investiga as histórias de vida de cada uma das cinco pessoas e chega a uma intrigante conclusão: todas elas tinham resolvido recentemente alguma situação problemática pessoal e estavam prestes a iniciar uma nova fase. *Talvez fosse um momento apropriado para cada uma delas morrer*, pensa o padre.

Confesso que, em última análise, considero essa resposta insatisfatória. Troquemos os cinco caminhantes de Wilder da ponte feita de cordas por 250 passageiros que sofreram um acidente de avião. É difícil conceber que cada um deles tivesse acabado de resolver alguma situação problemática. As histórias de vida que costumam despertar a atenção dos jornais depois desse tipo de acidente parecem indicar o contrário — muitas das vítimas teriam um trabalho importante em andamento e tantas outras teriam deixado para trás famílias recém-construídas e planos a concretizar. Em um romance, no qual a imaginação do autor controla a narrativa, tragédias podem acontecer a qualquer momento, no momento em que a trama exige isso. No entanto, a experiência me ensinou que a vida real não é assim tão organizada.

Talvez o próprio Thornton Wilder tenha chegado a essa conclusão. Mais de quarenta anos depois de ter escrito *A Ponte de San Luis Rey*, um Wilder mais velho e sábio voltou a essa questão de tentar entender o motivo de boas pessoas sofrerem em outro romance, *O oitavo dia*. O livro conta a história de um homem bom e decente cuja vida é arruinada por má sorte e inimizades. Embora inocentes, ele e a família sofrem. No desfecho de um romance, o leitor espera sempre por um final feliz que contemple heróis recompensados e vilões punidos — mas não há nada disso na obra de Wilder. Em vez disso, o autor nos oferece a imagem de uma bela tapeçaria. Vista do lado direito, trata-se de uma obra de arte intrincada, que reúne fios de diferentes cores e comprimentos para formar uma imagem inspiradora. Virando-a do avesso, porém, tudo o que se vê é uma miríade de fios, alguns curtos e outros longos, alguns íntegros e outros cortados e emendados, seguindo em direções diferentes. Wilder oferece isso como sua explicação de por que as pessoas boas têm que sofrer na vida. Deus tem um padrão no qual a vida de todas as pessoas se encaixa. Ele requer que algumas sejam torcidas, atadas ou cortadas, enquanto outras alcançam comprimentos impressionantes, não porque um fio seja mais merecedor que outro, mas simplesmente porque o padrão exige que seja dessa forma. Visto de baixo, de nosso ponto de vista na vida, o padrão de recompensa e punição de Deus parece arbitrário e sem desígnio, como o verso de uma tapeçaria. Contudo, visto de cima, do ponto de vista de Deus, cada torção e cada nó têm seu lugar em um grande desenho que adquire contornos de obra de arte.

Há muito de comovente nessa sugestão, e posso imaginar que muitas pessoas a achariam reconfortante. O sofrimento inútil, como castigo por algum pecado não especificado, é difícil de suportar. Entretanto, o sofrimento como contribuição para uma grande obra de arte concebida pelo próprio Deus pode ser encarado não apenas como um fardo tolerável, mas também como um privilégio. Assim, uma vítima de infortúnio medieval orou: "Não me diga por que devo sofrer. Assegure-me apenas que sofro por Tua causa."

No entanto, numa análise mais aprofundada, verifica-se que essa abordagem é insuficiente. Apesar de toda a compaixão, ela também se baseia, majoritariamente, em pensamento positivo. A doença incapacitante de uma criança, a morte de um jovem pai e marido, a ruína de uma pessoa inocente em razão de boatos maliciosos — tudo isso é real. Já vimos acontecer. No entanto, ninguém viu a tapeçaria de Wilder. Tudo o que ele consegue nos dizer é para imaginar que ela pode existir. Acho muito difícil aceitar soluções hipotéticas para problemas reais.

Quão seriamente poderíamos acreditar em uma pessoa que dissesse: "Tenho fé em Adolf Hitler, ou em Al Capone. Não posso explicar por que fizeram o que fizeram, mas não acredito que o teriam feito sem uma boa razão." No entanto, as pessoas tentam justificar as mortes e tragédias que Deus inflige a vítimas inocentes usando praticamente esse mesmo discurso.

Além disso, meu compromisso religioso com o valor supremo de cada vida torna mais difícil aceitar uma resposta que não levante objeções à dor de uma pessoa inocente, que tolere a dor humana porque supostamente ela contribui para um abrangente trabalho de valor estético. Se um artista ou um empregador explorassem crianças para produzir uma obra de arte impressionante ou um bem de imenso valor, ele seria preso. Por que, então, devemos perdoar Deus por causar tanta dor imerecida, independentemente de quão maravilhoso seja o resultado final?

Contemplando uma vida de dor física e angústia mental, Helen descobre que sua doença roubou a fé em Deus e na bondade do mundo que ela trazia da infância. Helen desafia a família, os amigos, o sacerdote a oferecer argumentos que expliquem uma coisa tão terrível acontecer a ela ou a qualquer outra pessoa. "Se Deus realmente existe", diz Helen, "eu O odeio, e odeio qualquer que seja o 'grande desígnio' que O levou a infligir tal desgraça a mim."

Consideremos agora outra questão: o sofrimento pode ser educativo? Pode nos curar de nossas faltas e nos tornar pessoas melhores? Há pessoas religiosas que gostariam de acreditar que Deus tem boas razões para nos fazer sofrer, e tentam imaginar quais seriam elas. Nas palavras do rabino Joseph B. Soloveitchik, um dos grandes mestres do judaísmo ortodoxo de nosso tempo: "O sofrimento serve para enobrecer o homem, para eliminar de sua mente o orgulho e a superficialidade, para ampliar seus horizontes. Em suma, o sofrimento serve para reparar os defeitos de personalidade do homem."

Assim como o pai, a mãe ou o responsável às vezes se veem obrigados a punir a criança amada, em benefício da própria, Deus também se enquadra na mesma posição. Um pai que puxa o filho para fora de uma estrada movimentada ou uma mãe que se recusa a dar ao filho uma barra de chocolate antes do jantar não estão sendo mesquinhos, punitivistas ou injustos — estão apenas preocupados e sendo responsáveis. Às vezes, é preciso punir uma criança de maneira mais severa, a fim de lhe transmitir um ensinamento necessário. Ela pode sentir que está sendo arbitrariamente privada de algo que todas as outras crianças têm, e se perguntar por que um pai ou uma mãe ostensivamente amorosos deveriam tratá-la assim, mas isso é porque ela ainda é uma criança. Quando crescer, será capaz de compreender a sensatez e a necessidade de tal atitude.

Da mesma forma, ensinam-nos que Deus nos trata da maneira que os pais ou responsáveis sensatos e carinhosos tratam a criança ingênua, impedindo-nos de nos magoarmos, tirando de nosso alcance algo que achamos que queremos, punindo-nos ocasionalmente para nos certificarmos de que fizemos algo muito errado e suportando com paciência nossas birras ante Sua "injustiça", confiando que um dia amadureceremos e compreenderemos que tudo foi em prol de nosso bem. "Porque o Senhor repreende aquele a quem ama, assim como o pai ao filho a quem quer bem." (Provérbios 3.12)

Vi uma vez nos jornais a notícia de uma mulher que passara seis anos viajando pelo mundo comprando antiguidades, se preparando para abrir um negócio. Uma semana antes da inauguração, a queda de um raio provocou um curto-circuito em uma área comercial, e várias lojas, incluída a dela, foram atingidas pelo incêndio. Os artigos, insubstituíveis e de valor inestimável, estavam segurados por apenas uma fração do valor. Que indenização poderia compensar uma mulher de meia-idade por seis anos de vida dedicados à procura e à coleta dessas antiguidades? A pobrezinha ficou arrasada. "Por que isso teve que acontecer? Por que justo comigo?" Um amigo, tentando consolá-la, disse: "Talvez Deus esteja tentando ensinar a você uma lição. Talvez Ele esteja tentando mostrar que não quer que você fique rica, que você não seja uma empresária de sucesso, refém de relatórios de lucros e perdas o dia inteiro e de viagens anuais ao Extremo Oriente para comprar mercadorias. Ele quer que você invista sua energia em outra coisa, e esta foi Sua maneira de lhe transmitir a mensagem."

Um mestre contemporâneo usou este exemplo: se um homem que não soubesse nada de medicina entrasse na sala de cirurgia de um hospital e visse médicos e enfermeiros realizando uma operação, ele poderia supor que se tratava de um bando de criminosos torturando uma infeliz vítima. Ele os veria amarrando a pessoa, forçando uma máscara sobre o nariz e a boca para que ela não pudesse respirar, e enfiando lâminas e agulhas nela. Só alguém que entendesse de cirurgia perceberia que eles estavam fazendo tudo isso para ajudá-la, não torturá-la. Assim também, sugere-se, Deus nos impõe sacrifícios como Sua maneira de nos ajudar.

Considere o caso de Ron, um jovem farmacêutico que geria uma farmácia juntamente com um sócio mais velho. Quando Ron comprou o negócio, seu colega o avisou de que recentemente a loja tinha sido alvo de uma série de assaltos por jovens usuários de drogas à procura de medicamentos e dinheiro. Certo dia, já quase na hora de Ron fechar a farmácia, um deles entrou e anunciou o assalto, apontando uma arma de pequeno calibre para ele. Ron preferiu perder o lucro do dia a bancar o herói. Ele abriu a caixa registradora com as mãos trêmulas, mas, quando se virou, tropeçou e estendeu a mão para o balcão em busca de apoio. O ladrão, por acreditar que Ron estivesse buscando uma arma, disparou contra ele. O projétil atravessou o abdômen de Ron e se alojou em sua medula espinhal. Os médicos retiraram-no, mas o estrago já tinha sido feito. Ele nunca mais voltaria a andar.

Os amigos tentaram consolá-lo. Muitos seguraram a mão dele e se compadeceram de sua situação. Alguns mencionaram drogas experimentais que vinham sendo testadas em paraplégicos, ou milagrosas recuperações espontâneas sobre as quais haviam lido. Outros tentaram ajudá-lo a compreender o que tinha acontecido com ele e a responder à pergunta "Por que eu?".

Um amigo disse a ele: "Acredito que tudo o que acontece na vida tem um propósito. De uma forma ou de outra, é para o nosso bem. Veja por este lado: você sempre foi um cara muito metido, popular com as garotas, dirigindo carrões, certo de que ganharia muito dinheiro. Você nunca teve tempo para se preocupar com as pessoas que não conseguiam se igualar a você. Talvez esta seja a maneira de Deus ensinar a você uma lição, tornando-o mais atento, mais sensível em relação às outras pessoas, de despojá-lo do orgulho e da arrogância e do pensamento de como você seria um sucesso. É a maneira Dele de torná-lo uma pessoa melhor e mais sensível."

O amigo tentou soar reconfortante, dar sentido àquele acontecimento sem razão de ser. No entanto, se você estivesse no lugar de Ron, qual teria sido sua reação? Ele se lembra de pensar que, se não estivesse preso a uma cama de hospital, teria dado um soco na cara do outro homem. Que direito uma pessoa sem qualquer deficiência — que em breve estaria voltando para casa de carro, subindo escadas, marcando uma partida de tênis — tinha de dizer a ele que aquela tragédia era boa e acontecera para o bem dele?

O problema de linhas de raciocínio desse tipo é que elas não se destinam realmente a ajudar quem sofre ou a explicar o sofrimento em si; destinam-se principalmente a defender Deus, usar palavras e ideias para transformar o mal em bem e a dor em privilégio. Tais respostas são pensadas por pessoas que acreditam firmemente que Deus é um pai amoroso que controla nosso destino — e com base nessa crença, ajustam e interpretam os fatos de acordo com esse pressuposto. Pode ser verdade que os cirurgiões enfiam lâminas nas pessoas para ajudá-las, mas nem todo mundo que enfia uma lâmina em outra pessoa é cirurgião. Também pode ser verdade que, por vezes, temos que provocar dor naqueles que amamos em benefício deles, mas nem todas as dores que nos infligem são benéficas.

Seria mais fácil acreditar que sofro para "reparar" aquilo que é defeituoso em minha personalidade, como se houvesse alguma ligação visível entre a culpa e a punição. A pessoa responsável por disciplinar uma criança quando ela faz algo errado, sem nunca lhe dizer pelo que ela está sendo punida, está longe de ser um modelo de parentalidade responsável. Aqueles que explicam o sofrimento como a maneira de Deus nos ensinar a mudar não conseguem especificar exatamente o que está errado em nós.

Igualmente inútil seria a explicação de que o acidente de Ron não fez *dele* uma pessoa mais sensível, e sim tornou seus amigos e familiares mais sensíveis aos deficientes do que jamais se tornariam. Talvez as mulheres deem à luz crianças com nanismo ou deficiência intelectual como parte do plano de Deus para aprofundar e ampliar a alma delas, para lhes ensinar a compaixão e um tipo diferente de amor.

Todos nós já lemos histórias de crianças pequenas que foram deixadas sem supervisão por um momento e caíram de uma janela ou numa piscina e morreram. Por que Deus permite que tal coisa aconteça a uma criança inocente? Não pode ser para ensinar à criança uma lição sobre a exploração de novas áreas. Quando a lição termina, a criança está morta. É para ensinar pais e cuidadores a serem mais vigilantes?

Trata-se de uma lição demasiado trivial para ser aprendida em troca da vida de uma criança. Será para tornar os pais mais sensíveis, compassivos, apreciadores da vida e do bem--estar devido à experiência? Será para levá-los a lutar por melhores normas de segurança e, dessa forma, salvar uma centena de vidas futuras? O preço continua a ser demasiado alto, e o raciocínio demonstra pouquíssima consideração pelo valor de uma única vida. Fico ofendido por aqueles que sugerem que Deus provê filhos com deficiência intelectual para que aqueles ao seu redor aprendam a ter compaixão e gratidão. Por que Deus deveria distorcer a vida de outra pessoa a tal ponto apenas para aumentar minha sensibilidade espiritual?

Se não podemos explicar satisfatoriamente o sofrimento dizendo que merecemos aquilo que recebemos ou encarando-o como uma "cura" para nossas faltas, podemos aceitar a interpretação da tragédia como um teste? Muitos pais, mães e responsáveis de crianças no leito de morte são instados a ler o Capítulo 22 do Livro do Gênesis para ajudá-los a compreender e aceitar o fardo. Nesse capítulo, Deus ordena a Abraão que tome seu filho Isaque, a quem ele ama, e o ofereça a Ele como sacrifício. O capítulo começa com as seguintes palavras: "Passado algum tempo, Deus pôs Abraão à prova [...]." Deus fez Abraão passar por essa provação para testar-lhe a lealdade e a força da fé. Quando ele passou no teste, Deus prometeu recompensá-lo pela força que havia mostrado.

Para aqueles que têm dificuldade em aceitar a ideia de um Deus que lança mão de jogos tão sádicos com seus mais fiéis seguidores, os defensores dessa visão explicam que Deus sabe como a história termina. Ele sabe que passaremos no teste com nossa fé intacta, exatamente como fizera Abraão (embora, no caso dele, a criança não tenha morrido). Deus nos coloca à prova para que *nós* descubramos quão fortes e fiéis somos. O Talmude, uma coletânea das discussões rabínicas entre os anos 200 a.C. e 500 d.C., explica o teste de Abraão da seguinte maneira: se você for ao mercado, verá o oleiro batendo em suas panelas de barro com um pau para mostrar quão fortes e resistentes elas são. O sábio oleiro, no entanto, bate apenas nas panelas mais fortes, nunca nas defeituosas. Assim também Deus testa e aflige apenas as pessoas que Ele sabe que são capazes de lidar com as aflições impostas, de modo que elas e os outros possam aprender a extensão da força espiritual de cada um.

Fui pai de uma criança portadora de deficiência durante 14 anos, até o momento de sua morte. Essa noção de que Deus tinha me escolhido porque reconheceu alguma força espiritual especial dentro de mim e sabia que eu seria capaz de lidar melhor com a situação não me confortava. Não me fez sentir "privilegiado", nem me ajudou a entender por que Deus tem que enviar crianças portadoras de deficiência para centenas de milhares de famílias desavisadas todos os anos.

A escritora Harriet Sarnoff Schiff destilou sua dor e tragédia em um excelente livro, *The Bereaved Parent* [O genitor enlutado]. Ela recorda que, quando o filho morreu durante uma cirurgia para corrigir uma anomalia cardíaca congênita, seu sacerdote levou-a para um canto e disse: "Sei que é um momento doloroso para você. Mas sei que você vai lidar bem e passar por isso tudo, porque Deus nunca nos envia um fardo mais pesado do que podemos suportar. Deus só permite que isso aconteça com você porque Ele sabe que você é forte o suficiente para lidar com isso." Harriet Schiff relembra sua reação a essas palavras: "Se eu fosse uma pessoa mais fraca, Robbie ainda estaria vivo."

Será que Deus "modera o vento para o cordeiro tosquiado"? Será que Ele nunca nos exige mais do que somos capazes de suportar? Infelizmente, minha experiência foi diferente. Vi pessoas sucumbirem sob a pressão de tragédias insuportáveis, e também o fim de casamentos depois da morte de um filho, porque os pais culpavam um ao outro por não tomarem os devidos cuidados ou por carregarem o gene defeituoso, ou simplesmente porque as memórias que partilhavam eram insuportavelmente dolorosas. Fui testemunha de muitas coisas: de algumas pessoas que se tornaram nobres e sensíveis por meio do sofrimento e de muitas mais que passaram a agir com cinismo e amargura; pessoas que ficaram com ciúmes daquelas que as rodeiam, incapazes de participar das rotinas do dia a dia; cânceres e acidentes automobilísticos que tiraram a vida de um membro da família e limitaram a vida de outros cinco — eles nunca mais seriam as pessoas alegres que costumavam ser.

Se Deus está nos testando, já deve saber que muitos de nós falhamos no teste. Se Ele só nos envia fardos que podemos suportar, então O testemunhei errar o cálculo demasiadas vezes.

Quando tudo o mais falha, algumas pessoas tentam explicar o sofrimento por meio da crença de que ele vem nos libertar de um mundo de dor e nos levar a um lugar melhor. Recebi por meio de um telefonema a notícia de que um garotinho de 5 anos do nosso bairro havia morrido atropelado, depois de correr para a rua atrás de uma bola. Eu não o conhecia; a família dele não fazia parte da congregação. Porém, muitas crianças da congregação o conheciam e brincavam com ele; as mães compareceram ao funeral, e algumas me contaram depois como havia sido a cerimônia.

Durante o elogio fúnebre, o sacerdote da família disse: "Este não é um momento para tristeza ou lágrimas, e sim um momento de regozijo, porque Michael foi levado deste mundo de pecado e dor com a alma inocente ainda imaculada. Ele está agora num lugar melhor, onde não há dor nem sofrimento; agradeçamos a Deus por isso."

Depois de ouvir isso, senti pena dos pais de Michael. Eles não só tinham perdido um filho inesperadamente como também o representante de sua religião lhes dissera que deviam regozijar-se com o fato de seu pequeno ter morrido tão jovem e inocente; eu não conseguia vê-los dispostos a se alegrar naquele momento. Estavam magoados, com raiva, sentindo que Deus tinha sido injusto com eles, e ali estava o porta-voz Dele tentando convencê-los a serem gratos a Deus pelo que tinha acontecido.

Por vezes, em nossa relutância em admitir que não há justiça no mundo, tentamos nos convencer de que o que aconteceu não é de todo mau — só achamos que é. Nosso egoísmo é o que nos faz chorar, porque Michael, de 5 anos, está com Deus em vez de vivo e conosco. Por vezes, tentamos agir com esperteza para tentarmos nos convencer de que o que chamamos de mal não é real, não existe de verdade; o mal seria apenas uma condição de bondade insuficiente, assim como "frio" significa "calor insuficiente", ou "escuridão" é um nome que damos à ausência de luz. Podemos, assim, "provar" que frio ou escuridão realmente não existem, mas as pessoas tropeçam e se ferem no escuro, e morrem quando expostas a temperaturas muito baixas. A morte e o ferimento delas não são menos reais por conta de nossa astúcia verbal.

Porque nossa alma anseia por justiça e, desesperadamente, por acreditar que Deus será justo conosco, muitas vezes depositamos nossas esperanças na ideia de que a vida neste mundo não é a única realidade. Em algum lugar além desta existência, há outro mundo onde "os últimos serão os primeiros" e aqueles que morreram vão se reunir com aqueles que amaram, e juntos passarão a eternidade.

Nem eu nem qualquer outra pessoa viva pode saber alguma coisa sobre quão real é essa esperança. Sabemos que nosso corpo físico se decompõe depois que morremos.

Particularmente, creio que a parte de nós que não é física, a parte a que chamamos de alma ou personalidade, não morre nem pode deixar de existir. Não consigo imaginar, porém, como é uma alma sem corpo. Seremos capazes de reconhecer almas desencarnadas como as pessoas que conhecíamos e amávamos? Será que um homem que perdeu o pai ainda jovem e depois viveu uma existência plena será mais velho, mais novo ou terá a mesma idade que o pai no mundo por vir? A alma dos coléricos será de alguma forma completada no céu? Será que a alma das pessoas com deficiência intelectual chega ao céu sem a deficiência, ou a carrega consigo?

As pessoas que chegaram à porta da morte e se recuperaram contam que viram uma luz brilhante e foram saudadas por alguém que amavam, já falecido. Depois da morte de Aaron, nossa filha sonhou que tinha morrido e era acolhida no céu pelo irmão, que aparentava estar livre da progéria, e pela avó (que morrera no ano anterior). Nem preciso dizer que não temos como saber se essas visões são insinuações da realidade ou produtos de nosso pensamento positivo.

A crença num mundo que está por vir onde os inocentes são compensados pelo seu sofrimento pode ajudar as pessoas a suportar as injustiças da vida sem perder a fé. Entretanto, também pode ser uma desculpa para que não nos sintamos incomodados ou indignados com a injustiça à nossa volta, e não usemos nossa inteligência dada por Deus para tentar fazer algo a respeito. A sabedoria prática nos diz que devemos permanecer atentos à possibilidade de nossa vida continuar de alguma forma depois de nossa morte, talvez de uma forma que nossa imaginação terrena não possa conceber. Ao mesmo tempo, porém, uma vez que não podemos ter a certeza, seríamos bem aconselhados a encarar este mundo o mais seriamente possível, caso ele se revele o único que teremos, e a buscar por aqui mesmo sentido e justiça.

Ao considerarmos todas as respostas acima, vemos que elas têm pelo menos uma coisa em comum: pressupõem que Deus é a causa de nosso sofrimento e tentam elucidar por que Deus quer que soframos. É para nosso bem, ou é um castigo que merecemos — ou, ainda, será que Deus não se importa com o que acontece com a gente? Muitas das respostas eram sensíveis e imaginativas, mas nenhuma mostrou-se totalmente satisfatória. Algumas fizeram com que começássemos a nos culpar a fim de manter ilibada a reputação de Deus. Outras nos pediram que negássemos a realidade ou que reprimíssemos nossos verdadeiros sentimentos. Permanecemos odiando a nós mesmos por merecer tal destino, ou odiando Deus por enviá-lo para nós quando não o merecíamos.

Talvez haja outra perspectiva: a de que Deus não seja o causador de nosso sofrimento. Talvez isso aconteça por algum motivo que não pela vontade Dele. O salmista escreve: "Levanto os meus olhos para os montes e pergunto: De onde me vem o socorro? O meu socorro vem do Senhor, que fez os céus e a terra." (Salmos 121.1-2). Ele não diz "minha dor vem do Senhor" ou "minha tragédia vem do Senhor", e sim "o meu *socorro* vem do Senhor [...]".

E se Deus não for o causador das coisas ruins que acontecem com a gente? E se não for Ele a decidir quais famílias conceberão uma criança portadora de deficiência, ou que Ron ficaria paraplégico depois de ser baleado, ou até mesmo que Helen definharia por conta de uma doença degenerativa? E se Deus for aquele que está pronto para nos ajudar a enfrentar nossas tragédias, se formos capazes de superar os sentimentos de culpa e raiva que nos separam Dele? "Como Deus pôde fazer isso comigo?" seria, afinal, a pergunta errada a se fazer?

A mais profunda e completa reflexão sobre o sofrimento humano na Bíblia, talvez em toda a literatura, é o Livro de Jó. É uma análise desse livro que faremos a seguir.

DOIS

A história de um homem chamado Jó

Cerca de 2.500 anos atrás, viveu um homem cujo nome jamais saberemos, mas que enriqueceu a mente e a vida dos seres humanos desde então. Ele era um homem sensível que via pessoas boas adoecerem e morrerem ao seu redor, enquanto as orgulhosas e egoístas prosperavam. Ele ouvia todas as tentativas eruditas, inteligentes e piedosas de explicar a vida, e estava tão insatisfeito com elas como estamos hoje. Por ser uma pessoa de raros dons literários e intelectuais, ele escreveu um longo tratado filosófico sobre por que Deus permite que coisas ruins aconteçam com pessoas boas, e o tratado em questão aparece na Bíblia como "Livro de Jó".

Thomas Carlyle chamou o Livro de Jó de "o tratado mais maravilhoso de todos os tempos e línguas; nosso primeiro e mais antigo relato do problema sem fim — o destino do homem e o caminho de Deus com ele aqui na terra. Não há nada escrito na Bíblia ou fora dela de igual mérito literário". O Livro de Jó me fascina desde que o conheci; já o estudei, reli e ensinei sobre ele várias vezes. Diz-se que, assim como todo ator anseia por interpretar Hamlet, todo estudioso da Bíblia anseia por escrever um ensaio sobre o Livro de Jó. Ele é de difícil compreensão, belo e profundo, e discorre sobre o mais complexo dos assuntos: o motivo de Deus permitir que as pessoas boas sofram. Seu raciocínio é difícil de acompanhar, seja porque o autor apresenta pontos de vista provavelmente contrários aos dele através de alguns personagens, seja porque o texto do livro, escrito em um hebraico elegante, continua, milhares de anos depois, a desafiar tradutores. Se compararmos duas versões do Livro de Jó, é possível que nos perguntemos se ambas são traduções do mesmo livro. Um dos versos-chave pode ser entendido tanto como "temerei a Deus" quanto como "não temerei a Deus", e não há como saber ao certo o que o autor de fato quis dizer. A familiar profissão de fé "Eu sei que o meu Redentor vive" pode significar, em vez disso, "Prefiro ser redimido enquanto ainda estou vivo". Contudo, grande parte do livro é objetiva e vigorosa, pondo à prova nossa capacidade de interpretar o restante.

Quem foi Jó e sobre o que fala o livro que leva seu nome? Há muito, muito tempo, acreditam os estudiosos, deve ter havido uma história bem conhecida, uma espécie de conto moral que, reproduzido em massa, reforçava os sentimentos religiosos das pessoas. Essa é a história de um homem piedoso chamado Jó — um ser humano tão bom, tão perfeito, que você percebe imediatamente que não está lendo sobre uma pessoa de verdade. É uma história do tipo "era uma vez" sobre um homem bom que sofreu.

A história diz que, certo dia, Satanás apareceu diante de Deus para contar sobre os pecados que as pessoas estavam cometendo na terra. Deus pergunta a Satanás: "Reparou em meu servo Jó? Não há ninguém na terra como ele, irrepreensível, íntegro, homem que teme a Deus e evita o mal." Satanás responde a Deus: "Será que Jó não tem razões para temer a Deus? Acaso não puseste uma cerca em volta dele, da família dele e de tudo o que ele possui? Tu mesmo tens abençoado tudo o que ele faz, de modo que todos os seus rebanhos estão espalhados por toda a terra. Mas estende a tua mão e fere tudo o que ele tem, e com certeza ele te amaldiçoará na tua face."

Deus aceita o desafio de Satanás. Sem prevenir Jó, Deus destrói a casa, elimina o gado e mata os filhos do servo. Ele o aflige com úlceras por todo o corpo, para que cada momento dele se torne uma tortura física. A esposa de Jó o exorta a amaldiçoar Deus, mesmo que isso custe a ele sua vida. Deus não pode fazer nada pior a Jó do que já fez. Três amigos vão até ele para consolá-lo, e também o exortam a abrir mão de sua piedade, se esta é a recompensa oferecida. Jó, porém, permanece firme e inabalável em sua fé. Nada do que lhe acontece o faz abrir mão de sua devoção a Deus. No fim, Deus aparece, repreende os amigos pelos conselhos e recompensa Jó pela fidelidade, dando a ele um novo lar, outra fortuna e filhos. A moral da história é: quando tempos difíceis se abaterem sobre você, não ceda à tentação de abdicar de sua fé em Deus. Ele tem as próprias razões para fazer o que faz e, se você mantiver a fé por tempo suficiente, Ele o compensará pelo sofrimento.

Gerações devem ter ouvido essa história; algumas pessoas, sem dúvida, foram confortadas por ela. Outras ficaram envergonhadas por continuar em meio a dúvidas e queixando-se, mesmo depois de ouvir o exemplo de Jó. Por sua vez, nosso autor desconhecido permaneceu incomodado com isso. Que espécie de Deus seria esse que a história queria nos fazer acreditar? Um Deus que mata crianças inocentes e lança sobre Seu mais devotado servo uma angústia insuportável somente para provar que está certo e, como quase podemos supor, ganhar uma aposta com Satanás? Que tipo de religião a história tenta nos impingir? Uma que se deleita com a obediência inquestionável e chama de pecaminoso aquele que protesta contra a injustiça? Nosso autor desconhecido ficou tão aborrecido com essa velha e piedosa história que a revirou do avesso e a reescreveu como um tratado filosófico, em que a posição dos personagens se inverte. Nos escritos, Jó *reclama* de Deus, e são os amigos que defendem a teologia convencional, a ideia de que "nenhum mal recai sobre os justos". Jó vê seus filhos perecerem e é atormentado por chagas; em um esforço para confortá-lo, os três amigos repetem todo o discurso tradicional e piedoso, pregando o ponto de vista contido na história original. Em suma: não perca a fé, apesar dessas calamidades; temos um

Pai amoroso no Céu, e Ele cuidará para que os bons prosperem e os ímpios sejam punidos.

Jó provavelmente dissera essas mesmas palavras inúmeras vezes a outros enlutados. Ele então percebe quão ocas e ofensivas elas são. Como assim Ele fará com que os bons prosperem e os ímpios sejam punidos?! Você está insinuando que meus filhos eram maus e por isso morreram? Está dizendo que sou perverso, e é por isso que tudo de ruim está acontecendo comigo? Qual erro meu foi assim tão grave? O que eu fiz de tão ruim para merecer um destino pior que aquele imposto a meus semelhantes?

Os amigos ficam estarrecidos diante dessa explosão. Eles respondem a Jó, argumentando que ninguém pode esperar que Deus revele o motivo da punição imposta. (A certa altura, um dos amigos o questiona: "O que você quer de Deus, um relatório detalhado sobre cada vez que você contou uma mentira ou ignorou um mendigo? Deus está muito ocupado administrando um mundo para prestar contas a você.") Só podemos supor que ninguém é perfeito e que Deus sabe o que está fazendo. Se não partirmos desse princípio, o mundo se torna um lugar caótico e inabitável. E a discussão continua. Jó não alega ser perfeito, mas diz que tentou levar uma vida boa e decente — mais até do que a maioria das pessoas. Como pode Deus ser amoroso se está constantemente espionando as pessoas, pronto para se ater à menor imperfeição em uma vida irrepreensível e usá-la como pretexto para punição? E como pode Deus ser justo, se tantas pessoas perversas não são punidas tão severamente quanto Jó?

A conversa adquire contornos acalorados, até enfurecidos. Os amigos dizem: "Você realmente nos enganou, Jó. Deu-nos a impressão de ser tão piedoso e religioso quanto nós. Agora, porém, vemos como você atira a religião ao mar na primeira vez que algo desagradável acontece. Você é orgulhoso, arrogante, impaciente e blasfemo. Não é de admirar que Deus esteja fazendo isso com você. Só prova o nosso ponto de vista de que os seres humanos podem ser enganados quanto a quem é santo e quem é pecador, mas não se pode enganar Deus."

Depois de três ciclos de diálogo em que, alternadamente, testemunhamos Jó expressando suas queixas e os amigos dele defendendo Deus, o livro chega ao seu estrondoso clímax. De forma brilhante, o autor leva Jó a utilizar um princípio de Direito Penal Bíblico: se um homem for acusado de delito sem provas, pode jurar inocência. Nesse ponto, o acusador deve apresentar provas contra ele ou retirar as acusações. Num longo e eloquente monólogo que ocupa os capítulos 29 e 30 do livro, Jó proclama sua inocência. Ele alega que jamais negligenciou os pobres, nunca tomou nada que não lhe pertencesse, assim como nunca se gabou de sua riqueza ou se regozijou com o infortúnio de seus inimigos. Por fim, Jó desafia Deus a fornecer provas ou a admitir que ele está certo e que sofrera injustamente.

E Deus aparece.

Na forma de um terrível vendaval, vindo do deserto, Deus responde a Jó de dentro de um redemoinho. O caso de Jó é tão convincente e seu desafio tão incisivo, que o próprio Deus desce à terra para responder a ele. A resposta de Deus, porém, é difícil de entender. Ele não menciona o caso de Jó, não enumera seus pecados, não explica seu sofrimento. Na verdade, em vez disso ele pergunta a Jó o que ele sabe sobre governar o mundo:

Onde você estava quando lancei os alicerces da terra?
Responda-me, se é que você sabe tanto.
Quem marcou os limites das suas dimensões?
Vai ver que você sabe! E quem estendeu sobre ela a linha de medir?
(...) Quem represou o mar (...)
Quando fixei os seus limites e lhe coloquei portas e barreiras, quando eu lhe disse: 'Até aqui você pode vir, além deste ponto não' (...)?
(...) Acaso você entrou nos reservatórios de neve,
já viu os depósitos de saraiva (...)?
Você sabe quando as cabras-monteses dão à luz? (...) É você que dá força ao cavalo (...)?
(...) É graças à inteligência que você tem que o falcão alça voo (...)?

(Jó 38, 39)

E agora um Jó muito diferente responde, dizendo: "Ponho a mão sobre a minha boca. Falei mais uma vez, mas não tenho resposta; sim, duas vezes, mas não direi mais nada."

O Livro de Jó é provavelmente a maior, mais completa e mais profunda discussão já escrita sobre o sofrimento das pessoas boas. Parte de sua grandeza reside no fato de o autor ter sido escrupulosamente imparcial, mesmo em relação aos pontos de vista dos quais discordava. Embora sua simpatia seja nitidamente por Jó, ele garante que os discursos dos amigos sejam tão cuidadosamente pensados e narrados quanto as palavras de seu herói. Isso contribui para uma ótima leitura, mas também dificulta a compreensão da mensagem. Quando Deus diz "Como te atreves a desafiar a maneira como eu dirijo o meu mundo? O que sabes sobre gerir um mundo?", isso deveria ser a última palavra sobre o assunto, ou é apenas mais uma paráfrase da piedade convencional da época?

Para tentar entender o livro e sua resposta, tomemos nota de três afirmações que todos os personagens, e a maioria dos leitores, gostariam de poder acreditar:

- Deus é todo-poderoso e responsável por tudo o que acontece no mundo. Nada acontece sem que Ele queira.
- Deus é justo e imparcial, e age de modo que as pessoas recebam o que merecem, para que os bons prosperem e os ímpios sejam punidos.
- Jó é uma boa pessoa.

Enquanto Jó for rico e saudável, podemos acreditar sem dificuldade em todas essas três afirmações. Quando Jó sofre, quando perde os bens, a família e a saúde, temos um problema. As três proposições juntas formam um paradoxo: só podemos tomar como verdadeiras as duas primeiras afirmações se negarmos a terceira.

Se Deus é justo e poderoso, então Jó deve ser um pecador que merece o que está acontecendo com ele. Se Jó é bom, mas mesmo assim Deus o faz sofrer, então Deus não é justo. Se Jó merecia o melhor dos destinos e não foi Deus quem enviou seu sofrimento, então Deus não é todo-poderoso. Podemos ver o argumento do Livro de Jó como uma discussão sobre qual das três afirmações estamos dispostos a sacrificar, para que possamos continuar a crer nas outras duas.

Os amigos de Jó estão preparados para não mais aceitar a afirmação C, a que diz que Jó é uma boa pessoa. Eles querem crer em Deus como foram ensinados. Os três desejam acreditar que Deus é bom e está no controle das coisas, e a única maneira de fazer isso é se convencendo de que Jó merece o que está acontecendo com ele.

Eles começam realmente querendo confortar Jó e fazê-lo se sentir melhor. Tentam tranquilizá-lo citando todas as máximas de fé e confiança sob as quais tanto eles quanto Jó foram criados. Querem confortar Jó dizendo a ele que o mundo de fato tem lógica, que não é um lugar caótico, sem significado. O que eles não percebem é que só podem dar sentido ao mundo e ao sofrimento de Jó partindo do princípio de que ele mereceu aquilo por que passou. Dizer que tudo funciona no mundo de Deus pode ser reconfortante para o espectador casual, mas é um insulto para os enlutados e infelizes. "Anime-se, ninguém recebe nada que não tenha merecido" não é uma mensagem muito animadora para alguém nas circunstâncias de Jó.

No entanto, é difícil para os amigos dizer qualquer outra coisa. Eles creem e desejam continuar firmes na crença sobre a bondade e o poder de Deus. Contudo, se Jó é inocente, então Deus deve ser culpado — e errou ao fazer um homem inocente sofrer. Com isso em jogo, é mais fácil deixar de acreditar na bondade *de Jó* do que na perfeição de Deus.

Talvez aqueles que consolavam Jó não conseguissem ser objetivos sobre o que havia acontecido com o amigo, os pensamentos turvados por reações de culpa e alívio por ter sido Jó a sofrer os infortúnios, e não eles. Existe na psicologia um termo alemão, *Schadenfreude*, que se refere à embaraçosa reação de regozijo que sentimos quando algo de ruim acontece a outra pessoa e não a nós. O soldado que sai ileso do campo de batalha e percebe o amigo morto a 20 metros de distância, o aluno que vê outra criança em apuros por colar numa prova — eles não desejam mal ao outro, mas não podem deixar de sentir um constrangedor espasmo de prazer pelo que aconteceu de ruim ter sido com outra pessoa e não com eles. Como os amigos que tentaram confortar Ron ou Helen, eles ouvem uma vozinha que lhes diz "Poderia facilmente ter sido eu", e tentam silenciá-la retrucando:

"Não, isso não é verdade. Há uma razão pela qual isso aconteceu com ele e não comigo." Identificamos essa psicologia acontecendo em outro lugar, culpando a vítima para que o mal não pareça tão irracional e ameaçador: se os judeus tivessem se comportado de forma diferente, Hitler não teria sido obrigado a assassiná-los; se a jovem não estivesse vestindo algo tão provocante, o homem não a teria estuprado; se as pessoas trabalhassem mais, não seriam pobres; se a sociedade não tentasse os pobres com anúncios de coisas pelas quais não podem pagar, eles não roubariam. Culpar a vítima é uma forma de nos tranquilizar: o mundo não é um lugar tão ruim quanto parece e existem bons motivos para o sofrimento das pessoas. Ajuda os bem-afortunados a acreditar que sua ventura é merecida, em vez de uma questão de sorte. Isso faz com que todos se sintam melhor — exceto a vítima, que passa a sofrer duplamente com a condenação social que se soma ao seu infortúnio original. É assim que agem os três amigos e, embora possa resolver o problema deles, não resolve o de Jó nem o nosso.

Jó, por sua vez, não está disposto a manter o mundo teologicamente em harmonia, admitindo ser um vilão. Ele tem o conhecimento intelectual de muitas coisas, e está convencido de que, com toda a certeza, ele não é uma pessoa ruim. Pode até ser que ele não seja perfeito, mas não é muito pior que os outros, quaisquer que sejam os padrões morais vigentes, a ponto de merecer perder a casa, os filhos, a riqueza e a saúde, enquanto as outras pessoas conseguem manter todas essas coisas. E ele não está preparado para mentir a fim de salvar a reputação de Deus.

A solução de Jó é rejeitar a segunda hipótese, a afirmação da bondade de Deus. Ele é, de fato, um homem bom, mas Deus é tão poderoso que não se limita a considerações de justiça e de imparcialidade.

Um filósofo poderia propor o seguinte: Deus pode *escolher* ser justo e dar a uma pessoa o que ela merece, punindo os ímpios e recompensando os justos. No entanto, podemos dizer logicamente que um Deus todo-poderoso *deve* ser justo? Ele ainda seria todo-poderoso se nós, vivendo virtuosamente, pudéssemos *obrigá-lo* a nos proteger e recompensar? Ou então Ele seria reduzido a uma espécie de máquina cósmica de venda automática, na qual inserimos o número certo de fichas para conseguir o que desejamos (com a opção de chutá-la e xingá-la se ela não nos der o que queremos)? Diz-se que um antigo sábio se alegrou com a injustiça do mundo, e disse: "Agora posso fazer a vontade de Deus por amor a Ele e não por interesse próprio." Isso quer dizer que ele poderia ser uma pessoa moral e obediente por puro amor a Deus, livre da crença de que pessoas morais e obedientes serão recompensadas com boa sorte. Ele poderia amar Deus mesmo que Deus não o amasse em troca. O problema desse argumento é que ele tenta promover a justiça e a equidade e, ao mesmo tempo, celebrar Deus, cuja grandeza está além das limitações da justiça e da equidade.

Jó enxerga Deus acima das noções de justiça — tão poderoso que nenhuma regra moral se aplica a Ele. Deus é visto como um Potentado Oriental, com incontestável poder sobre a vida e a propriedade de seus súditos. E, de fato, a velha história sobre Jó retrata Deus exatamente dessa maneira: como uma divindade que, sem quaisquer escrúpulos morais, aflige o servo para testar sua lealdade, e então sente que "fez as pazes" com ele depois de recompensá-lo generosamente. O Deus da história, apresentado como uma figura a ser adorada por gerações, é muito parecido com um (inseguro) rei ancestral, recompensando as pessoas não pela bondade delas, e sim pela lealdade.

Desse modo, Jó deseja constantemente um árbitro para mediar sua relação com Deus, alguém a quem Ele teria que se explicar. Contudo, quando se trata de Deus, admite Jó com tristeza, não há regras. "Se ele apanha algo, quem pode pará-lo? Quem pode dizer-lhe: 'O que fazes?'." (Jó 9.12)

Como Jó entende sua mazela? Ele diz que vivemos num mundo injusto, do qual não podemos esperar justiça. Existe um Deus, mas ele está isento das limitações da justiça e da retidão.

E quanto ao autor desconhecido do livro? Qual é a resposta dele ao enigma da injustiça da vida? Como já foi mencionado, é difícil saber exatamente o que ele pensava e que solução tinha em mente quando se propôs a escrever o livro. Parece evidente que ele colocou a própria resposta na boca de Deus no discurso do redemoinho, que acontece no clímax do livro. Entretanto, o que isso significa? Será simplesmente porque Jó é silenciado ao descobrir que existe um Deus, que realmente há alguém lá em cima no comando? Jó, porém, nunca duvidou disso; ele questionou não a existência Dele, e sim a empatia, a responsabilidade e a justiça de Deus. Então a resposta é que Deus é tão poderoso que não precisa se explicar a Jó? No entanto, isso é precisamente o que Jó vai afirmando ao longo do livro: existe um Deus, e Ele é tão poderoso que não precisa ser justo. Que novo pensamento o autor apresenta ao fazer Deus aparecer e falar, se isso é tudo o que Ele tem a dizer, e por que Jó se desculpa tanto, se Deus concorda com ele?

Será que Deus está dizendo, como sugerem alguns ensaístas, que Ele tem outras coisas com que se preocupar, além do bem-estar de cada ser humano, quando toma decisões que afetam nossa vida? Que, de nosso ponto de vista humano, nossas doenças e nossos fracassos profissionais são as coisas mais importantes que podemos imaginar, mas Deus tem mais o que fazer além de se preocupar com isso? Afirmar isso é dizer que a moralidade da Bíblia, com sua ênfase na virtude humana e na santidade da vida de cada um, é irrelevante para Deus, e que a caridade, a justiça e a dignidade do ser humano têm outra fonte que não Ele. Se isso fosse verdade, muitos de nós ficaríamos tentados a virar as costas para Deus e procurar essa verdadeira fonte para venerá-la.

Permitam-me sugerir que o autor do Livro de Jó assume a posição que não é nem a do protagonista nem a de seus amigos. Ele acredita na bondade de Deus e de Jó, e está preparado para desistir de sua crença na proposição de que Deus é Todo-Poderoso. Coisas ruins acontecem com pessoas boas neste mundo, mas não é pela vontade Dele. Deus gostaria que as pessoas conseguissem o que merecem na vida, mas nem sempre pode providenciar isso. Forçado a escolher entre um Deus bom que não é totalmente poderoso e um Todo-Poderoso que não é de todo bom, o autor do Livro de Jó escolhe acreditar na bondade de Deus.

As linhas mais importantes de todo o livro podem ser aquelas ditas por Deus na segunda metade do discurso do redemoinho, em Jó 40.9-10, 13-14:

Seu braço é como o de Deus,
e sua voz pode trovejar como a dele?
Enterre-os todos juntos no pó; encubra os rostos deles no túmulo.
Então admitirei que a sua mão direita
pode *salvar você.*

Considero que elas significam que "se você acha que é tão fácil manter o mundo correto e verdadeiro, para evitar que coisas injustas aconteçam às pessoas, você deveria *experimentar* governá-lo". Deus quer que os íntegros vivam em paz e felizes, mas às vezes nem mesmo Ele pode fazer isso acontecer. É demasiado difícil, mesmo para Deus, impedir que a crueldade e o caos atinjam vítimas inocentes. No entanto, poderia o homem, sem Deus, fazê-lo melhor?

O discurso prossegue em Jó 41, com a descrição da batalha de Deus contra o Leviatã, uma serpente do mar. Com grande esforço, Deus consegue apanhá-la numa rede e prendê-la com anzóis, mas não com facilidade. Se a serpente marinha é um símbolo do caos e do mal, de todas as coisas incontroláveis do mundo (como tradicionalmente ocorre na mitologia antiga), o autor pode estar dizendo que até mesmo Deus tem dificuldade em subjugar o caos e limitar os danos que o mal pode causar.

Pessoas inocentes sofrem infortúnios nesta vida; as coisas acontecem de maneira muito pior do que elas merecem — demissões, doenças, sofrimento afligido aos filhos ou por eles. Porém, quando isso ocorre, não significa que Deus as está punindo por algo que fizeram de errado. As desgraças não vêm de Deus.

Essa conclusão pode levar a uma sensação de perda. De certa forma, sempre foi reconfortante acreditar num Deus onisciente e Todo-Poderoso que garante tratamento justo e finais felizes, que nos assegura que tudo acontece por uma razão; que a vida era mais fácil quando acreditávamos que nossos pais tinham sabedoria o suficiente para saber o que fazer e força para fazer tudo dar certo. Essa crença, porém, era reconfortante da mesma forma que a religião dos amigos de Jó: só funcionava enquanto as mazelas das vítimas inocentes não eram levadas a sério. Quando nos encontramos com

Jó — quando *somos* Jó — não podemos mais acreditar nesse tipo de Deus sem abrir mão de nosso direito de sentir raiva e de sentir que fomos maltratados pela vida.

Desse ponto de vista, nos sentimos aliviados ao chegar à conclusão de que Deus não está nos fazendo mal. Se Ele é um Deus de justiça e não de poder, então ainda estará do nosso lado quando coisas ruins acontecerem conosco. Ele sabe que somos pessoas boas e honestas e que merecemos mais. Nossos infortúnios não são de Sua autoria, e por isso pedimos ajuda a Ele. Nossa pergunta não será a mesma de Jó, "Deus, por que Você está fazendo isso comigo?", e sim "Deus, veja o que está acontecendo comigo. Você pode me ajudar?". Recorreremos a Deus não para ser julgados ou perdoados, não em busca de recompensa ou punição, e sim para ser fortalecidos e consolados.

Se, como Jó e seus amigos, crescemos acreditando num Deus onisciente, onipotente e onissapiente, será difícil — tanto para nós quanto para eles — mudar a maneira como pensamos sobre Ele — como foi para nós, quando crianças, percebermos que nossos pais não eram onipotentes, que um brinquedo quebrado tinha que ser jogado fora porque eles *não conseguiram* consertá-lo, mesmo que quisessem. No entanto, se afinal reconhecemos que Deus não controla tudo, muitas coisas boas se tornam possíveis. Seremos capazes de recorrer a Ele para que nos ajude como puder, em vez de nos apegarmos a expectativas irreais que Ele jamais vai concretizar. A Bíblia, no fim das contas, fala em Deus como aquele que protege especialmente o pobre, a viúva e o órfão, sem discutir como eles chegaram a tal posição.

Temos como manter o autorrespeito e noção de bondade sem nos sentir julgados e condenados por Deus. Podemos ter raiva do que nos aconteceu, sem sentir o mesmo por Deus. Mais que isso, temos a chance de reconhecer a irritação que sentimos pela injustiça da vida e nossa compaixão instintiva que aflora ao vermos as pessoas sofrerem como algo vindo de Deus. Isso também nos ensina a odiar as injustiças e a nos compadecer dos aflitos. Em vez de oponentes de Deus, quando nos indignamos ante as vicissitudes, podemos nos sentir como aqueles por meio dos quais se manifesta a ira de Deus perante a injustiça; quando choramos, ainda estamos do lado de Deus, e Ele, junto a nós.

TRÊS

Às vezes não há razão

"Se as coisas ruins que acontecem com a gente são resultado de má sorte, e não da vontade de Deus, de onde vem a má sorte?", perguntou-me uma mulher certa noite depois de eu ter ministrado uma palestra sobre minha visão teológica. Fiquei desconcertado. Minha resposta instintiva foi que nada traz a má sorte; ela simplesmente existe. No entanto, eu suspeitava que havia mais que isso.

Esta ideia filosófica talvez seja a chave de tudo o que estou sugerindo neste livro. Você consegue aceitar que algumas coisas acontecem sem motivo, que existe aleatoriedade no Universo? Algumas pessoas não conseguem lidar com essa ideia, e saem em busca do nexo de casualidade, num esforço desesperado de dar sentido a tudo que acontece. Elas se convencem de que Deus é cruel, ou de que são pecadoras, em vez de aceitar a aleatoriedade. Às vezes, depois de darem um sentido a 90% de tudo o que sabem, deixam-se convencer de que os outros 10% também são coerentes, mas além da compreensão. Contudo, por que temos que insistir na razoabilidade de tudo? Por que todas as coisas devem acontecer por uma razão específica? Por que não podemos deixar que o Universo seja imperfeito?

Compreendo mais ou menos por que a mente de um homem pode de repente entrar em curto-circuito, fazendo-o correr armado para a rua, atirando contra estranhos. Talvez ele seja um militar veterano, assombrado pelas lembranças do que presenciou ou protagonizou em combate. Talvez tenha vivido, em casa e no trabalho, mais frustrações e rejeições do que pôde suportar, sendo tratado como alguém dispensável ou mesmo invisível — até que a raiva que sentia transbordou e ele decidiu "mostrar a eles que eu sou importante, afinal".

Pegar uma arma e disparar contra pessoas inocentes é um comportamento irracional, sem sentido, mas consigo entendê-lo. O que não posso compreender é por que a Sra. Smith está naquela rua naquele exato momento, enquanto a Sra. Brown decide entrar numa loja por impulso e, assim, acabar salvando a própria vida; ou por que o Sr. Jones está atravessando a rua e automaticamente se torna um alvo perfeito para o atirador ensandecido, enquanto o Sr. Green, que jamais toma mais de uma xícara de café pela manhã, resolve quebrar a própria regra naquele dia, o que o faz estar dentro de casa quando o tiroteio começa. A vida de dezenas de pessoas é afetada por decisões triviais e não planejadas.

Entendo que o tempo quente e seco, agravado por semanas de estiagem, aumenta o risco de incêndio florestal, de modo que uma faísca, gerada por um fósforo ou pela luz do sol concentrada num caco de vidro, pode criar um verdadeiro inferno. Entendo que o curso desse fogo será determinado, entre outras coisas, pelo vento que sopra. Entretanto, há uma explicação sensata para o motivo pelo qual o vento e o clima se combinam para direcionar as chamas em certo dia para determinadas casas em detrimento de outras, aprisionando ou poupando as pessoas, ou é apenas uma questão de sorte?

Quando um homem e uma mulher se juntam para fazer amor, o esperma ejaculado pelo homem contém dezenas de milhões de espermatozoides, cada um dotado de um conjunto ligeiramente distinto de características biológicas hereditárias. Nenhuma inteligência moral determina qual deles vai fecundar o óvulo. Dentre os espermatozoides, algum fará com que uma criança nasça com alguma deficiência física, ou talvez com alguma doença fatal. Outro, lhe dará não apenas boa saúde, como também, talvez, capacidade atlética ou musical superior, ou mesmo inteligência criativa. A vida de uma pessoa será moldada, e a do pai, da mãe e dos parentes dela profundamente impactada pelo resultado aleatório dessa corrida.

Por vezes, a vida de muitas outras pessoas pode ser afetada. Robert e Suzanne Massie, pai e mãe de um menino com hemofilia, fizeram o que a maioria dos pais e mães de crianças doentes faz: leram tudo o que podiam sobre a doença do filho. Eles descobriram que o único filho do último czar da Rússia era hemofílico, e no livro *Nicolau e Alexandra: O relato clássico da queda da dinastia Romanov*, de Robert, ele especula se a doença da criança, resultado da união aleatória do esperma "errado" com o óvulo "errado", poderia ter distraído e perturbado seus nobres pai e mãe a ponto de afetar-lhes a capacidade de governar, precipitando, assim, a Revolução Russa. Ele sugere que a nação mais populosa da Europa viu mudar sua forma de governo — o que impactou a vida de todos no século XX — por causa dessa ocorrência genética aleatória.

Algumas pessoas vão enxergar a mão de Deus em tudo o que acontece. Visito uma mulher no hospital cujo carro fora atingido pelo de um motorista bêbado que avançara o sinal. O carro dela ficou totalmente destruído, mas milagrosamente a mulher escapou com apenas duas costelas fraturadas e alguns cortes superficiais causados por estilhaços de vidro. Ela olha para mim de seu leito e diz: "Agora sei que Deus existe. Se estou viva e inteira, deve ser porque Ele está cuidando de mim lá de cima." Sorrio e permaneço calado, deixando em aberto a possibilidade de ela pensar que concordo (que rabino se oporia à crença em

Deus?), porque não é hora nem lugar para um seminário de teologia. No entanto, me vem à mente um funeral, duas semanas antes, de um jovem marido e pai vítima de uma colisão fatal também por conta de um motorista bêbado; e lembro-me de outro caso: uma criança que patinava quando foi atropelada por alguém que fugiu sem prestar socorro. Pensei em todas as manchetes dos noticiários sobre aqueles que pereceram em acidentes dessa natureza. A mulher diante de mim pode acreditar que está viva porque Deus quis que ela sobrevivesse, e longe de mim convencê-la do contrário, mas o que ela ou eu diríamos a essas outras famílias? Que os que morreram eram menos dignos que ela, menos valiosos aos olhos de Deus? Que Ele escolheu não poupá-las porque quis que morressem naquele momento e daquela maneira?

Você se lembra de nossa discussão no Capítulo 1 sobre *A Ponte de San Luis Rey*, de Thornton Wilder, de quando cinco pessoas despencam da ponte e o irmão Junípero investiga e descobre que cada uma delas havia recentemente "dado um rumo" à própria vida? Ele é tentado a concluir que a queda da ponte feita de cordas não foi um acidente, e sim um sinal da providência de Deus. Acidentes não existem. Entretanto, quando as leis da física e a fadiga do metal fazem com que a asa de um avião se parta, ou quando a imperícia humana causa uma falha no motor e o avião cai, matando duzentas pessoas, podemos afirmar que foi da vontade de Deus que todos a bordo estivessem lá naquele dia? E se o pneu do carro do 201º passageiro fura no caminho para o aeroporto e ele perde o voo, foi da vontade de Deus que esse passageiro vivesse para, resmungando e amaldiçoando a própria sorte, ver o avião decolar sem ele, enquanto os outros a bordo morriam instantes depois? Se fosse, eu teria que me perguntar que tipo de mensagem Deus está nos enviando com seus atos aparentemente arbitrários de condenação e salvação.

Quando Martin Luther King Jr. foi morto, em abril de 1968, muito se falou sobre o fato de ele ter atingido o apogeu como líder negro. Foi lembrado o discurso que ele proferira na noite anterior à sua morte, no qual dissera que, como Moisés, ele havia "subido ao topo da montanha e visto a Terra Prometida", dando a entender que, como Moisés, ele morreria antes de alcançá-la. Em vez de aceitar sua morte como uma tragédia sem sentido, muitos, a exemplo do irmão Junípero do livro de Thornton Wilder, enxergaram provas de que Deus levara Martin Luther King Jr. no momento certo, para poupá-lo da agonia de viver de glórias passadas, como um profeta desacreditado. Jamais pude aceitar essa linha de raciocínio. Eu gostaria de acreditar que Deus está preocupado não só com o ego de um líder negro, como também com as necessidades de dezenas de milhões de pessoas negras. Seria difícil explicar de que forma a morte do Dr. King melhoraria a vida da população negra estadunidense. Por que não podemos reconhecer que o assassinato nos afrontou e também a Deus — como um desvio de Suas intenções —, em vez de forçar nossa imaginação a encontrar as impressões digitais de Deus na arma do crime?

No campo de batalha, soldados disparam contra um inimigo sem rosto. Eles sabem que não podem pensar no inimigo como uma pessoa boa, com uma família amorosa e um futuro promissor à sua espera em casa. Os soldados compreendem que um projétil em alta velocidade não tem consciência, que um tiro de morteiro não diferencia aqueles cuja morte seria uma tragédia dos que seriam rapidamente esquecidos. É por isso que eles desenvolvem certo fatalismo sobre os riscos de morrer: citam a bala que terá o nome deles, o número deles na fila dos que vão ser mortos se aproximando — tudo menos analisar se *merecem* morrer ou não. É por isso que o último filho sobrevivente de uma família enlutada não será enviado para o campo de batalha; as Forças Armadas entendem que não se pode confiar em Deus para um futuro justo. O mesmo acontece na Bíblia, que há muito tempo ordenou ao Exército que mandasse de volta para casa todo homem recém-casado ou que construíra uma nova casa, para que ele não morresse em batalha sem jamais ter desfrutado a família recém-formada ou o novo lar. Os antigos israelitas, não obstante toda a profunda fé que tinham em Deus, sabiam que não podiam depender

Dele para impor um padrão moralmente aceitável sobre quem as flechas acertariam.

Perguntemos mais uma vez: há sempre uma razão, ou algumas coisas acontecem ao acaso, sem motivo?

A Bíblia nos diz que "no princípio, Deus criou os céus e a terra. Era a terra sem forma e vazia; trevas cobriam a face do abismo [...]". Então Deus começou a exercer sua magia criativa no caos, separando as coisas, impondo ordem onde antes havia o acaso. Ele separou a luz das trevas, a terra do céu, a terra seca do mar. Isto é o que significa criar: não fazer algo a partir do nada, e sim estabelecer ordem a partir do caos. Um cientista ou historiador criativo não inventa fatos, e sim os ordena; descobre conexões entre eles, em vez de tratá-los como dados aleatórios. Um escritor criativo não inventa palavras, e sim organiza termos familiares em padrões que nos dizem algo novo.

O mesmo foi o caso de Deus, que deu forma a um mundo cujo princípio primordial era a ordem, a previsibilidade, no lugar do caos com o qual Ele trabalhara: amanhecer e entardecer rotineiros, marés regulares, plantas e animais que carregavam embriões dentro de si para que pudessem se reproduzir de acordo com a própria espécie. Ao fim do sexto dia, Deus tinha acabado o mundo que se propusera a fazer, e no sétimo dia Ele descansou.

Suponhamos, porém, que Deus não tenha terminado o trabalho ao fim do expediente do sexto dia. Sabemos hoje que o mundo levou bilhões de anos para tomar forma, e não menos de uma semana. A história da Criação no Gênesis é muito importante e tem bastante a nos dizer, mas o prazo de seis dias não deve ser entendido de maneira literal. Suponhamos que a Criação — o processo de substituição do caos pela ordem — ainda estivesse em andamento. O que isso significaria? Na metáfora bíblica dos seis dias da Criação, estaríamos em algum lugar no meio da tarde de sexta-feira. O homem teria sido criado havia poucas "horas". O mundo é, em grande parte, um lugar ordenado e previsível, com muitas evidências da meticulosidade da obra de Deus. Contudo, o caos ainda pode ser encontrado. Na maioria das vezes, os acontecimentos do Universo seguem rígidas leis naturais — de vez em quando, no entanto, as coisas acontecem à margem delas, sem quebrá-las, e de uma maneira diferente daquela que poderíamos prever.

Enquanto escrevo este trecho, os noticiários trazem relatos de um enorme furacão sobre o Caribe. Os meteorologistas não conseguem prever se ele vai seguir para alto-mar ou atingir áreas povoadas da costa do Texas e da Louisiana. A mente bíblica interpretou o terremoto que destruiu Sodoma e Gomorra como a maneira de Deus punir os depravados moradores dessas cidades. Alguns pensadores medievais e da era vitoriana acreditavam que a erupção do Vesúvio e a destruição de Pompeia teriam sido uma forma de pôr fim à imoralidade daquela sociedade. Ainda hoje, os terremotos na Califórnia são interpretados por alguns como a maneira de Deus expressar Seu descontentamento com os supostos excessos homossexuais de São Francisco ou heterossexuais de Los Angeles. A maioria de nós, no entanto, hoje encara fenômenos naturais, como um furacão, um terremoto, a erupção de um vulcão, como acontecimentos sem nenhum propósito por trás. Não me atreveria a prever a trajetória de um furacão com base em quais comunidades merecem ser devastadas e quais devem ser poupadas.

Uma mudança de direção do vento ou o deslocamento de uma placa tectônica pode fazer com que um furacão ou um terremoto arrase áreas povoadas em vez de atingir um trecho desabitado de terra. Por quê? Uma mudança nos padrões climáticos faz chover demais ou de menos sobre uma área agrícola e a colheita de um ano é destruída. Um motorista bêbado ultrapassa a faixa central da rodovia e colide com um carro verde em vez do vermelho a 15 metros de distância. Um parafuso do motor se desenrosca no avião do voo 205 em vez de no do voo 209, e se torna a causa da morte de um grupo aleatório de famílias em vez de outro. Não há qualquer mensagem nisso tudo. Não há razão para que essas pessoas em particular sejam atingidas em detrimento de outras. Esses acontecimentos não refletem as escolhas de Deus: são obra do acaso, e aleatoriedade é outro nome para o caos presente nos recônditos do Universo, onde a luz criativa de Deus ainda não penetrou. E o caos é ruim — não errado ou malévolo, apenas ruim por causar tragédias ao acaso e impedir que as pessoas acreditem na bondade de Deus.

Uma vez perguntei a um amigo — um físico renomado — se, de uma perspectiva científica, o mundo estava se tornando um lugar mais ordenado, se a aleatoriedade estava aumentando ou diminuindo com o tempo. Ele respondeu citando a segunda lei da termodinâmica, que rege a entropia — grandeza termodinâmica que mede o grau de desordem ou de aleatoriedade de um sistema físico —: todo sistema se modifica com o tempo de modo a aproximar-se do equilíbrio. De acordo com ele, isso significava que o mundo está ficando cada vez mais aleatório. Pense em um punhado de bolinhas de gude dentro de uma jarra, cuidadosamente dispostas por tamanho e cor. Quanto mais você sacode a jarra, mais o arranjo inicial vai se desfazer, virando uma distribuição aleatória, até o ponto em que será apenas uma coincidência encontrar duas bolinhas da mesma cor lado a lado. Segundo meu amigo, é isso que está acontecendo com o mundo. Um furacão pode desviar-se de sua rota para o mar, poupando as cidades costeiras, mas seria um erro enxergar qualquer evidência de padrão ou propósito nisso. Ao longo do tempo, alguns furacões vão seguir inofensivamente para o mar, enquanto outros irão atingir áreas povoadas e causar devastação. Quanto mais tempo você acompanhar essas coisas, menos padrões será capaz de encontrar.

Eu disse a ele que esperava uma resposta diferente, um equivalente científico do primeiro capítulo da Bíblia, assegurando-me que a cada "dia" o reino do caos diminuía e mais o Universo cedia ao estado de ordem. Meu amigo retrucou que eu poderia me sentir um pouco melhor porque Albert Einstein sofria do mesmo problema. Einstein rejeitava a física quântica e tentou durante anos refutá-la, porque ela se baseava na hipótese de as coisas acontecerem ao acaso. Ele preferia acreditar que "Deus não joga dados com o Universo".

Talvez Einstein e o Livro do Gênesis tenham razão. Um sistema deixado à própria sorte pode evoluir na direção da aleatoriedade. Contudo, nosso mundo pode não ser um sistema deixado à própria sorte. De fato, pode haver um impulso criativo atuando sobre ele, o Espírito de Deus pairando sobre as águas turvas, operando ao longo de milênios para levar ordem ao caos. Como a "tarde de sexta-feira" da evolução do mundo se aproxima do Grande Sábado, que é o fim dos dias,* o impacto do mal aleatório talvez diminua.

Pode ser também que Deus tenha terminado Sua obra de criação eras atrás, deixando o restante a cargo da humanidade. O caos residual, o acaso e o azar, as coisas que acontecem sem motivo, continuarão conosco, o tipo de

* No contexto cristão, o "fim dos dias", ou "fim do mundo", refere-se às crenças relacionadas ao evento escatológico final, quando se acredita que ocorrerá a consumação do plano divino e o julgamento final. Essas crenças variam entre diferentes denominações cristãs e podem incluir conceitos como a segunda vinda de Cristo, a ressurreição dos mortos, o Juízo Final e a vida eterna. [*N. do T.*]

mal que o rabino Milton Steinberg chamou de "o andaime ainda não removido do edifício da criatividade de Deus". Nesse caso, teremos simplesmente que aprender a conviver com ele, sustentados e confortados pelo conhecimento de que o terremoto e o acidente, assim como o assassinato e o roubo, não são a vontade de Deus, e sim representam aquele aspecto da realidade que independe da vontade Dele, e irrita e entristece tanto a Deus como a nós.

QUATRO

Sem exceções para pessoas boas

Conta-se a história do jovem que regressou da escola dominical tendo sido apresentado naquele dia à história bíblica da travessia do Mar Vermelho. A mãe perguntou-lhe o que tinha aprendido na aula e ele respondeu: "Os israelitas saíram do Egito, mas o faraó e seu exército os perseguiram. Eles chegaram ao Mar Vermelho e não viam como atravessá-lo, e enquanto isso o exército egípcio se aproximava. Então Moisés pegou seu walkie-talkie, a Força Aérea israelense bombardeou os egípcios e a Marinha israelense construiu uma ponte flutuante para que as pessoas pudessem atravessar." A mãe ficou boquiaberta. "Foi assim que ensinaram a você essa história?", questionou. "Bem, não", admitiu o menino, "mas se eu contasse do jeito que eles contaram pra gente, você nunca acreditaria."

Séculos atrás, as pessoas encontravam provas reconfortantes de Deus em histórias de milagres. Elas contavam como Ele abrira o mar para que os israelitas pudessem fazer a travessia em terra firme. Falavam sobre Deus enviando chuva em resposta à oração de uma pessoa direita, rios invertendo o curso e o Sol retrocedendo nos céus. Eles se lembravam da história de Daniel saindo ileso da cova dos leões e de Sadraque, Mesaque e Abede-Nego sobrevivendo à fornalha ardente. O objetivo de todas essas histórias era provar que Deus se importava tanto conosco que estava disposto a suspender as leis da natureza para apoiar e proteger aqueles a quem favorecia.

Hoje, porém, somos como o menino voltando da escola dominical. Essas histórias nos são contadas e permanecemos céticos. Na verdade, encontramos a prova de Deus precisamente no fato de as leis da natureza serem imutáveis. Ele nos presenteou com um mundo belo, preciso e ordenado. Uma das coisas que o torna habitável é o fato de as leis da natureza serem precisas, confiáveis e funcionarem sempre da mesma forma. Temos a gravidade: objetos pesados sempre caem em direção à terra, de modo que um construtor pode erguer uma casa sem que os tijolos flutuem para longe. A química existe: misturar certos elementos em determinadas proporções produz sempre o mesmo resultado, de modo que um médico pode prescrever medicamentos sabendo o que vai acontecer. Sabemos o horário em que o Sol surgirá no horizonte e quando ele vai se pôr todos os dias. Temos até como prever quando a Lua bloqueará o Sol, trazendo a noite para certas áreas e maravilhando a todos com um eclipse. Para os antigos, esse era um acontecimento antinatural que significava uma advertência divina. Para nós, trata-se de um fenômeno perfeitamente natural, uma recordação de quão preciso é o universo que Deus nos forneceu.

O corpo humano é um milagre, não porque desafia as leis da natureza, mas precisamente porque as obedece. Nosso sistema digestivo extrai nutrientes dos alimentos. Nossa pele ajuda a regular a temperatura corporal por meio da transpiração. Nossas pupilas se dilatam e se contraem em resposta a estímulos luminosos. Mesmo quando adoecemos, temos mecanismos de defesa integrados ao nosso corpo para combater a doença. Geralmente, todas essas coisas maravilhosas acontecem sem que tenhamos consciência delas e de acordo com as leis mais precisas da natureza. Este é o verdadeiro milagre, e não a mítica divisão do Mar Vermelho.

O caráter imutável dessas leis, porém, tanto torna possível a existência da medicina e da astronomia como também causa problemas. A gravidade faz os objetos caírem, e eles podem atingir e machucar as pessoas. É também o que faz os seres humanos despencarem de montanhas e janelas, além de escorregarem no gelo ou afundarem na água. Não poderíamos viver sem a gravidade, mas somos obrigados a lidar com os perigos relacionados a ela.

As leis da natureza tratam todos da mesma forma. Não há exceções para quem é bom ou prestativo. Se uma pessoa entra na casa de alguém que tem uma doença contagiosa, corre o risco de contraí-la, independentemente da razão pela qual ela tenha entrado; seja um ladrão, seja um médico, germes não fazem distinção. Se Lee Harvey Oswald atira no presidente John Kennedy, as leis da natureza prevalecem no momento do disparo. Nem a trajetória da bala nem a gravidade do ferimento serão afetados por questões como o presidente Kennedy ser uma boa pessoa, ou o mundo estar melhor com ele vivo ou morto.

As leis da natureza não mudam para pessoas boas. Uma bala não tem consciência, nem um tumor maligno ou um carro desgovernado. É por isso que pessoas boas são acometidas por doenças e podem se machucar tanto quanto qualquer outra pessoa. Não importa quais histórias nos ensinaram sobre Daniel ou Jonas na escola dominical, Deus não estende a mão para interromper o funcionamento das leis da natureza e assim proteger os justos do mal. Este é um segundo fator que rege o nosso mundo que faz com que o mal atinja pessoas boas; Deus não é a causa do mal, e nem pode impedir que ele aconteça.

Na verdade, como poderíamos viver neste mundo se Ele interferisse? Suponhamos, para fins de argumentação, que Deus estivesse determinado a não deixar que nada de ruim acontecesse a uma pessoa boa e piedosa. Se um Oswald atirar no presidente, não importa quão cuidadosamente ele aponte, Deus desviará a bala. Se uma asa do avião presidencial cair, Deus o fará pousar em segurança. Seria este um mundo melhor, se certas pessoas fossem imunes às leis da natureza porque Deus as favorece, enquanto o restante da humanidade tem de se defender por conta própria?

Suponhamos, mais uma vez para fins de argumentação, que eu seja uma dessas pessoas justas a quem Deus não deixaria que nada de mau acontecesse, porque sou atento e caridoso com uma família jovem, que dedica a vida a ajudar os outros. O que isso significaria? Eu seria capaz de sair sem casaco em um dia frio e não ficar doente, porque Deus impediria que os elementos da natureza me fizessem mal? Poderia atravessar as ruas com o sinal aberto em meio ao tráfego intenso e não ser atropelado? Ou ainda, sem paciência para esperar o elevador, saltar pela janela mesmo estando a andares de altura sem me ferir? Um mundo em que as pessoas boas sofrem dos mesmos perigos naturais que os outros é problemático. No entanto, um mundo em que as pessoas boas fossem imunes a essas leis seria ainda mais.

As companhias de seguros referem-se a terremotos, furacões e outros desastres naturais como "atos de Deus", o que considero como um uso do nome Dele em vão. Não creio que um terremoto que mata milhares de inocentes sem razão seja um ato de Deus, e sim uma ação da natureza. E ela é moralmente vendada, não segue valores. Agita-se segundo as próprias leis, sem se importar com quem ou o que fica em seu caminho. Deus, entretanto, não é moralmente vendado. Eu não poderia adorá-Lo se achasse isso. Deus defende a justiça, a igualdade, a compaixão. Para mim, o terremoto não é um "ato de Deus". A coragem das pessoas para reconstruir a vida depois de um terremoto e a presteza de outras pessoas em ajudá-las é que são.

Se uma ponte desaba ou uma barragem se rompe por conta de um terremoto; se, por conta de um furacão, a turbina de um avião apresenta defeito e ele cai, e pessoas morrem por causa disso, não interpreto esses acontecimentos como atos de Deus. Recuso-me a acreditar que seria um desejo divino fazer todos perecerem naquele momento, ou que Ele queria que algumas dessas pessoas morressem e acabou não tendo escolha a não ser condenar todas. Penso que não há razão moral para que essas vítimas sejam punidas, já que essas calamidades se desenrolaram por conta de fenômenos da natureza. Talvez, aplicando a inteligência dada por Deus, os seres humanos possam um dia compreender completamente os processos físicos por trás dos terremotos e dos furacões e aprender a antecipá-los ou mesmo a preveni-los. Quando isso acontecer, menos inocentes serão vítimas desses chamados "atos de Deus".

Desconheço a razão de uma pessoa adoecer e outra, não; só posso presumir que algumas leis naturais que não compreendemos estão em ação. Não posso acreditar que Deus "lança" uma doença sobre uma determinada pessoa por uma razão específica, nem que Ele tem uma cota semanal de tumores malignos a distribuir, após uma consulta ao computador para descobrir quem merece mais ou suporta melhor a provação. "O que eu fiz para merecer isso?" não é o clamor compreensível de uma pessoa doente que sofre, e sim a pergunta errada a se fazer. Deus não decide quem merece estar doente ou saudável. A melhor pergunta é: "Se isso aconteceu comigo, o que faço agora e quem estará a meu lado para ajudar?" Como vimos no capítulo anterior, fica muito mais fácil acreditar em Deus como fonte de valores morais se não O responsabilizarmos por todas as injustiças do mundo.

Contudo, talvez devêssemos formular nosso questionamento de forma diferente. Em vez de perguntarmos por que as leis da natureza fazem sofrer indistintamente os bons e os maus, perguntemos por que razão o ser humano tem de sofrer. Por que as pessoas ficam doentes? Por que precisam sentir dor? Por que temos que morrer? Se Deus projetou um mundo para nosso máximo proveito, não deveria também ter criado leis imutáveis de natureza que não ferissem ninguém, fossem bons, fossem maus?

> — Bom Deus, quanta reverência você pode ter por um ser supremo que acha necessário incluir cárie no Seu sistema divino de criação? Por que cargas-d'água Ele criou a dor?
>
> — A dor? — repetiu a mulher do tenente Scheisskopf, como que segurando vitoriosamente a palavra lançada ao ar. — A dor é um sintoma útil. Ela é um aviso de perigo enviado pelo corpo.
>
> — E quem criou os perigos? — Yossarian soltou uma risada cáustica. — Por que não usar uma

campainha para nos prevenir ou recorrer a um dos Seus coros celestiais? Ou de um sinal luminoso em azul e vermelho neon posto no meio da testa de cada pessoa?

— As pessoas ficariam parecendo idiotas andando por aí com sinais em vermelho neon no meio da testa.

— Elas certamente parecem mais bonitas agora se contorcendo em agonia, não é?

(Joseph Heller, *Ardil-22*)

Por que sentimos dor? Aproximadamente um a cada 400 mil bebês está fadado a viver uma vida curta e lamentável que nenhum de nós invejaria, uma existência repleta de ferimentos e machucados (alguns graves) dos quais a criança jamais terá consciência. Esse bebê nasce com uma condição causada por uma doença genética rara conhecida como disautonomia familial, caracterizada por impedir, desde o momento do nascimento, a pessoa portadora de sentir dor. A criança se corta, se queima, cai e quebra ossos sem jamais sentir que algo está errado. Ela não se queixa de dores de garganta e estômago, e o pai, mãe ou responsável não sabe quando ela está doente, até que seja tarde demais.

Algum de nós gostaria de viver assim, sem sentir dor? Ela é uma parte desagradável mas necessária de estar vivo. O autor de *Ardil-22*, Joseph Heller, pode ter feito seu herói, Yossarian, desprezar sarcasticamente esse argumento, mas, na verdade, a dor é a forma que a natureza tem de nos dizer que estamos nos esforçando demais, que alguma parte de nosso corpo não está funcionando como deveria, ou que estamos nos exigindo além do que ele foi feito para suportar. Pense nos atletas que encerraram prematuramente a carreira, por vezes desenvolvendo alguma deficiência porque se forçaram a ignorar a dor ou tomaram continuamente analgésicos sem tratar o que a causava. Pense nas pessoas que tiveram que ser levadas às pressas para o hospital porque ignoraram os pequenos sinais de alerta de dor, pensando que ela desapareceria com o tempo.

Sentimos dor quando forçamos nossos músculos além do que eles são capazes de suportar. Ela existe para nos fazer afastar a mão do calor extremo antes que nos queimemos gravemente. A dor é um alerta de qual algo está errado na máquina extremamente complexa a qual chamamos de corpo. Podemos pensar erroneamente na dor como uma das maneiras que Deus definiu como punição, sempre lembrando das ocasionais palmadas que nossos pais e avós usavam para nos disciplinar quando éramos crianças, talvez acreditando que todas as coisas desagradáveis que surgem em nosso caminho são punições. De fato, em inglês, a palavra *pain* [dor] deriva do latim *poena*, assim como *punish* [punir] e *penalty* [penalizar]. A dor, porém, não é um castigo de Deus, e sim a maneira de a natureza alertar as pessoas — tanto as boas quanto as ruins — de que algo está errado. A vida pode ser desagradável porque estamos sujeitos à dor.

Alguém já disse que um homem com cáries dolorosas que atravessa a floresta é incapaz de apreciar a beleza que o cerca porque sua boca dói. Contudo, a vida seria perigosa, talvez insustentável, se não pudéssemos sentir dor.

Entretanto, esse tipo de dor — o osso quebrado, o forno quente — ainda é uma resposta instintiva do organismo. Os animais sentem esse tipo de dor da mesma maneira que nós. Há, no entanto, outro nível de dor que só os seres humanos podem sentir. Só nós podemos encontrar sentido em nossa dor.

Considere o seguinte: os cientistas encontraram maneiras de medir a intensidade da dor que sentimos. Eles conseguem mensurar a intensidade de uma enxaqueca em comparação com a de um joelho ralado. Além disso, eles determinaram que duas das coisas mais dolorosas que os seres humanos podem experimentar são dar à luz e ter uma crise renal. Do ponto de vista puramente físico, esses dois acontecimentos causam a mesma intensidade de dor e quase nada os supera. Do ponto de vista humano, contudo, a natureza delas é muito diferente. A de uma crise renal é simplesmente um sofrimento inútil, o resultado de um mau funcionamento em nosso corpo. Já a dor de dar à luz é criativa. Ela tem sentido, é a dor de gerar a vida, que leva a alguma coisa. É por isso que a pessoa com uma crise renal geralmente diz "Eu daria qualquer coisa para não ter que passar por isso novamente", mas a mulher que deu à luz, como o corredor ou o alpinista que impulsionaram o corpo para alcançar um objetivo, pode transcender a dor e considerar repetir a experiência.

A dor é o preço que pagamos pela vida. As células mortas — nossos cabelos e nossas unhas — não possuem receptores de dor; não podem sentir nada. Quando entendermos isso, a pergunta passará de "Por que temos que sentir dor?" para "O que podemos fazer com a dor para que ela se torne significativa e não seja apenas sofrimento vazio e sem sentido?" ou "Como transformar todas as experiências dolorosas de nossa vida em dores de parto ou de crescimento?". Talvez jamais seremos capazes de entender por que sofremos ou aprender como controlar as forças que causam nosso sofrimento, mas podemos ter muito a dizer sobre o que o sofrimento nos faz e que tipo de pessoas viramos por causa dele. A dor torna algumas pessoas amargas e invejosas; outras, sensíveis e compassivas. É o efeito e não a causa da dor que faz com que algumas experiências sejam significativas e outras, vazias e destrutivas.

Por que Deus criou um mundo em que há doenças e enfermidades? Não sei por que as pessoas adoecem e, às vezes, morrem. Vírus e bactérias são a etiologia de muitas doenças (aceito isso como verdadeiro porque, mesmo jamais tendo visto um vírus ou uma bactéria, confio em meus médicos, profissionais honrados que não me enganariam). Suspeito que as pessoas adoecem quando estão deprimidas, quando se sentem rejeitadas e não conseguem enxergar o futuro imediato. Sei que há quem se recupere da doença mais rapidamente quando sabe que os outros se preocupam e têm algo à sua espera. Entretanto, não faço ideia da razão de sermos tão vulneráveis a vírus, bactérias e tumores malignos. Compreendo que as células que compõem nosso corpo estão constantemente morrendo e se renovando. Isso nos permite crescer e ainda criar uma nova pele para substituir a que se desgasta com o tempo ou é ferida. Entendo que quando corpos estranhos invadem nosso organismo, mobilizamos nossas defesas para combatê-los, e isso muitas vezes faz com que nossa temperatura corporal aumente e nos deixe febris. Compreendo que, para que nossos ossos tenham flexibilidade e leveza suficientes para podermos andar, eles têm, na mesma medida, de ser frágeis a ponto de se quebrarem sob forte tensão. O fato de um jovem ficar paraplégico por causa de uma lesão medular num acidente que não foi culpa dele é indescritivelmente trágico, mas pelo menos segue leis da natureza que fazem sentido.

As respostas surgem à medida que aprendemos mais sobre como o corpo humano e as leis naturais que regem o mundo funcionam. Compreendemos que, sob o risco de alguma coisa dar errado, não podemos negligenciar nossa saúde nem abusar indefinidamente de nosso corpo, que é demasiado sensível — e ele precisa ser para que tenha a capacidade de fazer o que queremos. O homem que fuma dois maços de cigarros por dia durante vinte anos e é diagnosticado com câncer no pulmão enfrenta problemas que merecem nossa empatia. Ele, porém, não tem motivos para perguntar "Como Deus pôde fazer isso comigo?". A pessoa que come sem nenhuma moderação e pesa consideravelmente mais do que deveria tem um coração que luta para bombear sangue através de quilômetros de artérias obstruídas por placas de gordura. Ela vai precisar enfrentar as consequências por colocar essa pressão adicional no seu sistema, e não terá justificativas para reclamar de Deus. O mesmo, infelizmente, pode ser dito sobre o médico, o sacerdote ou o político que trabalha longas horas, sete dias por semana, semana após semana, pela mais nobre das causas, mas não cuida da própria saúde no processo.

Contudo, por que câncer? Por que cegueira, diabetes, hipertensão arterial e insuficiência renal? Por que espontaneamente algo em nosso corpo começa a falhar sem que a causa possa ser creditada aos maus hábitos de saúde? Dizer que a deficiência intelectual resulta de um cromossomo defeituoso é oferecer uma explicação que nada elucida. Por que os cromossomos se tornam defeituosos? E por que a situação de felicidade de uma pessoa pode depender tanto de ter todos os cromossomos livres de qualquer atrofia ou má-formação?

Não tenho uma resposta satisfatória a essas perguntas. A melhor que conheço é a lembrança de que o Homem hoje é apenas a última etapa de um longo e lento processo evolutivo. Muito tempo atrás, os únicos seres vivos do mundo eram as plantas. Depois, surgiram os anfíbios; em seguida, os animais superiores e, finalmente, o ser humano. À medida que a vida evoluía do mais simples para o mais complexo, recuperamos e herdamos algumas das fraquezas dessas formas mais sensíveis. Tal como as plantas, nosso corpo é vulnerável a danos e à decomposição. Como os animais, podemos adoecer e morrer. As plantas, porém, não morrem de forma trágica e os animais têm uma vantagem evolutiva importante sobre os seres humanos. Se o corpo de um animal falhar, e por isso ele ficar fraco e incapacitado, é menos provável que acasale e transmita os genes que expressam a doença para a próxima geração. Dessa forma, as características menos adequadas à sobrevivência desaparecem, e a próxima geração provavelmente será mais resiliente, forte e saudável.

Nossa espécie vive a situação de forma diferente. Um ser humano atraente e sensível, mesmo diabético ou portador de doenças hereditárias, vai casar e ter filhos. Ninguém lhe negaria esse direito. Entretanto, no processo, o risco de o filho e/ou a filha serem portadores de alguma doença ou síndrome é maior que a média.

Considere a seguinte série de acontecimentos: na sala de parto, nasce um bebê com uma cardiopatia congênita ou outra doença grave herdada geneticamente que ameaça sua sobrevivência. Se ele morresse logo depois de nascer, os pais voltariam para casa, entristecidos e deprimidos, perguntando-se o que aconteceu. Contudo, em algum momento começariam a se esforçar para virar a página e pensar no futuro.

No caso em questão, porém, o bebê não morre. Ele sobrevive graças aos milagres da medicina moderna e da devoção heroica de enfermeiros e médicos. Ele cresce, muito frágil para ser ativo fisicamente, mas é inteligente, alegre e popular. Já adulto, torna-se médico, professor ou poeta. Casa e tem filhos. É um profissional respeitado e uma pessoa estimada em seu bairro. A família o ama; as pessoas aprendem a depender dele. Então, aos 35 ou 40 anos, a saúde frágil o surpreende. O coração congenitamente fraco, que quase falhou ao nascer, cede e ele morre. Então, o fim acarreta mais do que alguns dias de lamentação: é uma perda devastadora para a esposa e os filhos e um acontecimento profundamente triste para todas as pessoas de seu círculo social. Poderíamos evitar muitas tragédias como essa se deixássemos morrer crianças doentes ao nascer, se trabalhássemos menos diligentemente para que sobrevivessem às doenças e aos perigos da infância, se permitíssemos que apenas as mais saudáveis chegassem à idade adulta, casassem e tivessem filhos, privando-as de conhecer tais satisfações. Afinal, é isso o que os animais fazem, para que as falhas genéticas não sejam transmitidas de geração em geração. Contudo, quem entre nós, por razões morais ou mero interesse próprio, concordaria com isso?

Enquanto escrevo estas linhas, penso num jovem de minha comunidade que está sucumbindo lentamente a uma doença degenerativa, e me pergunto se toda essa especulação biológica lhe servirá de consolo. Suspeito que não. A menos que queiramos desempenhar o papel de consoladores de Jó, por que deveríamos considerar útil saber que a doença dele segue certas leis naturais? Será que isso o fará se sentir melhor ao ser informado de que os próprios pais, sem saber, lhe transmitiram as sementes de sua terrível doença?

Quando Jó fazia perguntas sobre Deus, não precisava de aulas de teologia, e sim de empatia, compaixão e de quem garantisse que ele fosse uma boa pessoa e um amigo querido. Meu vizinho me faz perguntas sobre a doença que ele tem, mas se lhe respondo me valendo de aulas de biologia e genética, acabamos por compreender mal as necessidades dele. Tal como Jó, ele deseja que alguém lhe diga quão terrivelmente injusta é a doença que contraiu. Ele precisa de ajuda para manter fortes a mente e o espírito e vislumbrar um futuro possível; algo sobre o qual possa pensar e decidir-se, mesmo que não consiga mais andar ou nadar. Assim, não se tornará indefeso e dependente, mesmo que privado de certas habilidades.

Ignoro a razão de meu amigo e vizinho estar doente e sofrendo constantemente — não sei por que ele está morrendo. Do meu ponto de vista religioso, não posso argumentar que Deus tem Suas razões para condená-lo a esse destino terrível, ou que Ele deve amá-lo de maneira especial ou admirar sua bravura para testá-lo. Só posso dizer-lhe que o Deus em que acredito não enviou a doença nem esconde dele a cura milagrosa. Num mundo onde nosso espírito imortal habita um corpo frágil e vulnerável, porém, o Deus em que acredito dá força e coragem àqueles que, injustamente e sem terem feito nada errado, sentem a dor e o medo da morte. Posso ajudá-lo a se lembrar de que ele não se resume a um corpo agora inútil; que ele é mais do que um paciente com uma doença debilitante. Meu amigo é um homem com esposa e filhos amorosos, muitos amigos e têmpera na alma suficiente para permanecer vivo no sentido mais pleno da palavra até seu derradeiro dia.

Não sei a razão de sermos mortais, e desconheço o motivo, o momento e a forma pela qual as pessoas morrem. Talvez possamos encontrar a resposta imaginando como seria o mundo se todos vivessem para sempre.

Cheguei à faculdade como um jovem calouro para quem a velhice e a morte estavam tão distantes que jamais eram lembradas. Uma das disciplinas do primeiro período era Clássicos da Literatura Mundial, e li duas discussões sobre morte e imortalidade que me impressionaram tanto que permanecem comigo, trinta anos depois.

Em *Odisseia*, de Homero, há uma passagem na qual Ulisses encontra Calipso, uma ninfa do mar e filha dos deuses. Calipso, um ser divino, é eterna; ela jamais conhecerá a morte. Sem nunca ter conhecido um mortal, Calipso fica fascinada por Ulisses. Conforme a leitura avança, percebemos que Calipso inveja Ulisses pela capacidade que ele tem de morrer. Ela considera que a vida dele tem mais sentido; cada uma das decisões que ele toma tem um peso maior precisamente porque o tempo que lhe cabe é limitado, e Ulisses deve decidir racionalmente como despendê-lo.

Mais tarde naquele ano, li *As viagens de Gulliver*, de Jonathan Swift. Na ilha de Luggnagg, uma ou duas vezes a cada geração uma criança nascia com uma mancha vermelha circular sobre a sobrancelha esquerda, a marca de quem nunca morreria. Gulliver imagina que essas crianças sejam as pessoas mais afortunadas que se possa imaginar, "nascendo isentas dessa calamidade universal da natureza humana", a morte. No entanto, quando ele as conhece, percebe que são, de fato, as mais miseráveis e lamentáveis das criaturas. Envelhecem e enfraquecem. Os amigos e contemporâneos morrem. Aos 80 anos, os bens lhes são retirados e entregues aos respectivos descendentes, que de outra forma nunca os herdariam. Elas contraem diversas doenças, acumulam rancor e ressentimento, se cansam da luta diária e nunca podem esperar ser libertados da dor de viver.

Homero nos apresenta um ser imortal que nos inveja por sermos mortais. Swift nos ensina a ter pena da pessoa que não pode morrer. Ele quer que percebamos que viver com a certeza de que morreremos pode parecer assustador e trágico, mas saber que nunca morreremos seria insuportável. Temos como desejar uma vida mais longa ou mais plena, mas como suportaríamos uma vida que durasse para sempre? Em algum momento, para muitos de nós, a morte será o único alívio para a imensa dor que inevitavelmente se acumula em vida.

Se as pessoas fossem eternas, das duas, uma: ou a espécie humana lotaria o mundo de maneira inviável ou as pessoas não teriam filhos para evitar a superpopulação do planeta. A humanidade seria privada da sensação de recomeço, do ineditismo que o nascimento de uma criança representa. Num mundo em que as pessoas vivem para sempre, provavelmente nunca teríamos nascido.

Contudo, tal como em nossa discussão anterior sobre a dor, temos que reconhecer que uma coisa é explicar que a mortalidade é benéfica para a humanidade, e outra é dizer a uma pessoa que perdeu o pai, a esposa ou o filho que a morte é uma coisa boa. Não ousemos tentar fazer isso. Seria cruel e impensado. Tudo o que podemos dizer a alguém num momento como esse é que a vulnerabilidade à morte é uma das condições da vida. Não temos como explicar isso melhor do que podemos desvendar a própria vida. Não há como controlá-la, ou mesmo adiá-la. Tudo o que nos resta fazer é tentar ir além da questão "Por que isso aconteceu?", perguntando "O que faço, agora que aconteceu?".

Deus nos dá espaço para sermos humanos

Um dos ensinamentos mais importantes de qualquer religião é o significado de ser humano. A visão que a Bíblia tem do homem é tão fundamental para sua compreensão geral quanto a visão de Deus que ela expressa. Duas passagens no início do Antigo Testamento nos ensinam a ser quem somos e como nós, enquanto seres humanos, nos relacionamos com Deus e o mundo ao nosso redor. A primeira, no capítulo de abertura do Livro do Gênesis, é a afirmação de que os seres humanos são feitos à imagem e semelhança de Deus. No clímax do processo de Criação, Deus é representado dizendo: "Façamos o Homem à nossa imagem." Por que o plural? Quem é o "nós" de que Deus fala? Minha sugestão para entender essa frase é associá-la à frase imediatamente anterior, na qual Deus cria os animais. Em um ato de Criação surpreendentemente semelhante ao processo evolutivo descrito pelos cientistas, Deus primeiro faz surgir um mundo coberto de água. Ele então faz emergir a terra seca, enche seu mundo de plantas, peixes, pássaros, répteis e, finalmente, mamíferos. Tendo criado os animais, dirige-se *a eles*: "Façamos o homem à nossa imagem, conforme nossa semelhança. Formemos uma criatura que será como vocês, um animal, de certa forma — que precise comer, dormir, acasalar —, e será como Eu de outras maneiras, elevando-se acima do nível animal. Vocês, animais, contribuirão com sua dimensão física, e eu infundirei uma alma nele." E assim, como o ápice de Sua obra, os seres humanos são criados, parte animais, parte divinos.

No entanto, qual é a parte de nós que nos eleva acima dos animais, aquela que compartilhamos com Deus como nenhuma outra criatura viva o faz? Para responder a essa pergunta, temos que nos voltar para a segunda das passagens bíblicas, uma das histórias mais incompreendidas de todo o Livro Sagrado: aquela ambientada no Jardim do Éden.

Diz a Bíblia que, depois de criar Adão e Eva, Deus os colocou em um jardim e disse-lhes que podiam comer o fruto de todas as árvores, inclusive os da Árvore da Vida. Os únicos aos quais o acesso era proibido eram os da Árvore do Conhecimento do Bem e do Mal. Deus advertiu-lhes que, se um dia comessem daquela árvore, morreriam. Em parte, devido à insistência da serpente, eles comeram o fruto proibido. Deus os confrontou com a desobediência de ambos e os sentenciou aos seguintes castigos:

- Seriam expulsos do Jardim do Éden e não poderiam mais comer o fruto da Árvore da Vida. (Eles não morreram naquele dia, mas são informados de que teriam filhos mortais.)
- Para Eva, gerar e parir filhos seria doloroso. ("Multiplicarei grandemente a tua dor e a tua conceição; com dor darás à luz filhos.")
- Adão teria que cultivar alimentos em vez de simplesmente pegá-los nas árvores. ("No suor do teu rosto comerás o teu pão.")
- Haveria tensão sexual entre homens e mulheres. ("E o teu desejo será para o teu marido, e ele te dominará.")

Quando essa história é lida pela primeira vez, ou quando é ensinada às crianças nas aulas de religião, é provável que seja entendida simplesmente como a história na qual Adão e Eva desobedeceram à ordem de Deus e foram punidos. É o nível apropriado de compreensão para uma criança, e certamente soa familiar a ela ("Mamãe disse para você não brincar na lama. Você brincou na lama mesmo assim, e agora vai ficar sem sobremesa"). A depender da tradição religiosa em que foi criado, talvez você tenha aprendido que todos os seres humanos — os descendentes de Adão e Eva — estão condenados a morrer como pecadores por causa do chamado "pecado original". Talvez você até tenha sentido que é injusto da parte de Deus punir de maneira tão severa o casal e seus descendentes por conta de um pequeno deslize cometido por duas pessoas inexperientes — especialmente porque não era de esperar que ambos soubessem o que eram o bem e o mal antes de comerem da Árvore do Conhecimento do Bem e do Mal.

Acho que há mais na história do que um simples caso de desobediência a Deus e a consequente punição por isso. Minha interpretação pode ser muito diferente daquelas com as quais você cresceu, mas acredito que faça sentido e se enquadre no contexto bíblico. Para mim, a história é sobre as diferenças entre ser humano e animal, e a chave para compreendê-la é o fato de a árvore "proibida" ser chamada de "Árvore do Conhecimento do Bem e do Mal".

Os seres humanos vivem num mundo que se divide entre coisas boas e ruins, o que torna nossa vida dolorosa e complicada. Os animais, não; a vida deles é muito mais simples, sem os problemas e as decisões morais que nós temos que enfrentar. "Bom" e "mau" são categorias que não existem para os animais. Eles podem ser prestativos ou bagunceiros, servis ou rebeldes, mas não bons ou maus. Expressões como "cãozinho bom" ou "cãozinho mau" não se referem ao valor moral daquilo que o cão escolhe fazer, mas apenas ao fato de ser conveniente ou desagradável para nós, como "tempo bom" e "tempo ruim". Como nossos antepassados quase humanos, os animais também se alimentam da Árvore da Vida — comem, bebem, correm e acasalam. A Árvore do Conhecimento do Bem e do Mal, no entanto, está fora do alcance deles.

Para usar um termo que ninguém das gerações anteriores à minha entenderia, os animais são "programados". Os instintos incorporados permitem que eles saibam quando comer e dormir, e assim por diante. Os animais também seguem seus instintos e precisam tomar pouquíssimas decisões difíceis. Os seres humanos, no entanto, são únicos no mundo dos seres vivos. Por razões morais, a "imagem de Deus" que carregamos nos permite negar o instinto. Podemos optar por não comer, mesmo famintos. Ainda que nossos instintos sejam despertados, podemos nos abster de sexo — não por medo da punição, e sim porque entendemos os termos "bom" e "mau" de maneira diferente dos animais. Toda a história do ser humano é também a história de nos elevar acima da nossa natureza animal e aprendermos a controlar nossos instintos.

Voltemos aos "castigos" aplicados por Deus a Adão e Eva. (Uso aspas porque não posso afirmar que tenham realmente sido punições. São as consequências dolorosas de sermos humanos em vez de meros animais.) Cada um deles representa um modo em que a vida é mais dolorosa e problemática para os seres humanos do que para os animais.

O sexo e a reprodução são naturais e descomplicados para todos os animais, exceto para o ser humano. As fêmeas entram no cio, os machos são atraídos por elas e a espécie é mantida. Nada poderia ser mais simples. Compare isso com as tensões sexuais existentes na espécie humana: a adolescente à espera de um jovem que a note, sentindo-se rejeitada e pouco atraente; o estudante universitário que não consegue se concentrar nos estudos e está contemplando o suicídio porque a namorada terminou com ele; a mulher sem desejo de ser mãe que engravida e é contra o aborto, e não sabe ao certo que outra escolha lhe resta; a dona de casa severamente deprimida cujo marido a deixou por outra; as vítimas de estupro, os financiadores da indústria pornográfica, os adúlteros furtivos, os "atletas sexuais" promíscuos que odeiam a si mesmos. O sexo é tão simples e direto para os animais, e penosamente doloroso para os seres humanos (a menos que estejamos dispostos a nos comportar como animais), porque entramos na esfera do bem e do mal.

Contudo, precisamente porque vivemos nesse mundo, uma relação sexual também pode ser infinitamente mais importante para nós do que para um animal (ou para uma pessoa que encara o sexo apenas como um meio de satisfação), significando ternura, partilha de afeto, compromisso responsável. Os animais acasalam e se reproduzem, mas só os seres humanos podem conhecer o amor, incluída toda a dor muitas vezes presente no processo.

Para os animais, dar à luz filhotes e supervisionar o crescimento deles é um processo puramente instintivo e envolve muito menos dor física e psicológica do que para os humanos. Quando nossa cadela pariu uma ninhada, ela sabia exatamente o que fazer com os filhotes, sem nunca ter sido ensinada. Dar à luz foi desconfortável, mas não tão doloroso quanto para uma mãe humana. Nossa cadela cuidou dos filhotes, mas passou a ignorá-los quando já estavam crescidos o suficiente para serem independentes. Agora, quando encontra um deles, ela age com certa familiaridade, mas não necessariamente reconhecendo-o como filhote dela. Ser um pai humano jamais poderia ser tão fácil. Dar à luz é um dos acontecimentos mais dolorosos que um corpo humano pode experimentar e, de certa forma, a parte mais fácil. Educar, transmitir valores, partilhar grandes e pequenas mágoas, desapontar-se, saber quando ser duro e quando perdoar — estas são as partes dolorosas de se criar um filho. E, ao contrário dos animais, não podemos agir puramente por instinto. É preciso tomar decisões difíceis.

Da mesma forma, as pessoas têm que trabalhar arduamente pelo pão de cada dia, cultivando a comida ou prestando algum serviço que lhes forneça dinheiro para comprá-la. Já para os animais, o próprio mundo fornece a alimentação — para aqueles que caçam ou pastam. Um leão se esforça para perseguir e matar um animal, e isso pode ser muito difícil para ele, mas não se compara à experiência humana de ser demitido de um emprego ou ter que decidir se retém, ou não, informações importantes ao realizar uma venda. Os animais podem depender do instinto para orientá-los na busca por comida. Os humanos, no entanto, geralmente têm que se preocupar em escolher uma carreira, manter o trabalho, ter bom relacionamento com o chefe, além de precisar pesar prós e contras antes de decidir fazer algo que pode ser ilegal ou antiético. Mais uma vez, uma parte importante da vida — que para os animais pode ser difícil, porém livre de dilemas morais — vem a ser problemática e, muitas vezes, dolorosa para os seres humanos.

E, finalmente, todos os seres vivos são mortais, mas só os seres humanos têm consciência disso. Os animais se protegem instintivamente contra as ameaças à própria vida e ao bem-estar, mas apenas os seres humanos andam no vale da sombra da morte, cientes de que não viverão para sempre, mesmo que ninguém jamais atente contra a vida deles. Saber que um dia vamos morrer impacta nossa existência de muitas maneiras. Nos leva a tentar enganar a morte fazendo algo que sobreviva além de — ter filhos, escrever livros, fazer a diferença na vida de amigos e vizinhos para que eles se lembrem de nós com afeto. Ter a consciência de que nosso tempo é limitado nos faz valorizar o que fazemos. Fazer escolhas, como optar por ler um livro ou visitar um amigo doente em vez de ir ao cinema, é importante precisamente porque não temos tempo para fazer tudo.

Foi o que aconteceu com Adão e Eva. Eles se tornaram humanos. Deixaram o Jardim do Éden, onde os animais comem da Árvore da Vida, a árvore das forças vitais e dos instintos básicos, para viver no mundo do conhecimento do bem e do mal; um mundo mais doloroso e complicado, em que teriam que fazer escolhas morais difíceis. Comer e trabalhar, gerar e criar filhos deixariam de ser questões simples, como o são para os animais. Esses primeiros seres humanos passaram a ser então autoconscientes (depois de comerem o fruto proibido, sentiram a necessidade de vestir roupas). Sabiam que não eram eternos. Acima de tudo, porém, teriam que passar a vida fazendo escolhas.

Isso é o que significa ser humano "à imagem e semelhança de Deus": ter livre-arbítrio em vez de fazer o que quer que nossos instintos ordenem. Saber que algumas escolhas são boas e outras, ruins — e cabe a nós entender a diferença. "Hoje invoco os céus e a terra como testemunhas contra vocês, de que coloquei diante de vocês a vida e a morte, a bênção e a maldição. Agora escolham a vida [...]." (Deuteronômio 30.19) Isso não poderia ser dito a nenhuma outra criatura viva exceto o homem, pois a nenhuma outra foi dado o livre-arbítrio.

Entretanto, se o ser humano é verdadeiramente livre para escolher, se pode mostrar-se virtuoso, optando pelo bem quando o mal é igualmente possível, isso significa que ele tem de ser livre para escolher o mal também. Se o fosse apenas para fazer o bem, ele não estaria realmente escolhendo. Se somos *obrigados* a fazer o bem, não somos livres para *escolhê-lo*.

Imagine um pai perguntando ao filho: "Escolha: você gostaria de passar esta tarde fazendo o dever de casa ou brincando com um amigo?" O filho responde: "Brincando com um amigo." O pai, por sua vez, retruca: "Resposta errada. Não posso deixar você fazer isso. Não vou deixar você sair até que termine o dever de casa. Escolha novamente." Então o filho diz: "Tudo bem, vou fazer o dever de casa." O pai sorri: "Estou feliz por você ter feito a escolha certa." O resultado pode ser o esperado, mas seria errado dizer que foi a criança quem mostrou maturidade e responsabilidade ao fazer a segunda escolha.

Agora imagine Deus perguntando a uma pessoa: "Como você planeja conseguir dinheiro para pagar as contas? Você vai arranjar um emprego, o que significa se levantar de manhã cedo e trabalhar duro, ou vai roubar a carteira de uma velhinha e sair correndo?" O homem responde: "Eu estava pensando em sair e roubar uma carteira." Deus diz: "Não, não vou deixar você fazer isso, é errado. Escolha novamente." Então o homem, com relutância, concorda em arranjar um emprego. Evitou-se um roubo, mas o homem foi autorizado a agir como um ser humano moralmente livre? Deus permitiu que ele escolhesse entre o caminho do bem e o do mal, ou será que Ele o rebaixou ao nível de um animal, tirando-lhe a liberdade de escolha e compelindo-o a seguir o melhor caminho?

Para sermos livres, humanos, Deus tem de nos dar a opção de fazer o certo ou o errado. Se não somos livres para escolher o mal, tampouco somos para *escolher* o bem. Como os animais, só poderíamos ser prestativos ou bagunceiros, servis ou rebeldes. Já não podemos ser morais, o que significa que já não seremos humanos.

Nenhum de nós pode ler a mente de Deus para saber por que, em certo ponto do processo evolutivo, Ele fez surgir um novo tipo de criatura, um animal moralmente livre que poderia escolher ser bom ou mau. A questão é que Ele o fez, e o mundo tem sido palco de muita nobreza e crueldade desde então.

Nossa liberdade moral significa que, se assim escolhermos, podemos *ser* egoístas e desonestos, e Deus não nos impedirá. Se quisermos pegar algo que não nos pertence, Ele não descerá dos céus para nos impedir, da mesma forma que não o fará se desejarmos ferir alguém. Tudo o que Ele vai fazer é nos dizer que certas coisas estão erradas, sinalizar que lamentaremos nossos atos e esperar que, se não acreditarmos na palavra Dele, pelo menos aprendamos com a experiência.

Deus não é o pai humano que, observando o filho dar seus primeiros e incertos passos ou quebrar a cabeça com um problema de álgebra, diz a si mesmo: "Se eu intervier, pouparei muita dor ao meu filho, mas como ele aprenderá a fazer isso sozinho?" Um pai humano, nessa situação, tem a possibilidade — e a responsabilidade — de intervir se a criança estiver prestes a se machucar gravemente. Contudo, Deus impôs um limite além do qual não mudará o rumo dos acontecimentos para tirar nossa liberdade, incluída a de magoarmos a nós mesmos e as pessoas ao redor. Ele já deixou o homem evoluir moralmente livre, e não há como voltar atrás no relógio evolutivo.

Então por que coisas ruins acontecem com pessoas boas? Uma razão é que, por conta de nossa natureza humana, somos livres para ferir uns aos outros, e Deus não pode nos parar sem que isso interfira na liberdade que nos compõe. Os seres humanos são livres para enganar, roubar e ferir uns aos outros, e Deus só observa com pena e compaixão quão pouco aprendemos, ao longo do tempo, sobre como devemos nos comportar. Pensar assim me ajuda a compreender a relação de Deus com aquela monstruosa erupção do mal a qual chamamos "Holocausto" — a morte de milhões de pessoas inocentes nas mãos de Adolf Hitler. Quando as pessoas perguntam "Onde estava Deus em Auschwitz? Como Ele pôde permitir que os nazistas matassem tantos inocentes?", minha resposta é que não foi Deus o responsável, e sim os seres humanos que optaram por ser cruéis com seus semelhantes. Nas palavras da teóloga cristã alemã Dorothee Sölle, falando de tentativas de justificar o Holocausto como a vontade de Deus, "Quem quer um Deus assim? Quem ganha alguma coisa por adorá-Lo? Deus estava do lado das vítimas ou do carrasco?"

Tentar explicar o Holocausto, ou qualquer outro sofrimento, como a vontade de Deus é ficar do lado do carrasco e não da vítima, e afirmar que Deus faz o mesmo.

Não consigo entender o Holocausto partindo do ponto de associá-lo à vontade de Deus. Mesmo que eu pudesse aceitar a morte de um único inocente de vez em quando sem ter que repensar todas as minhas crenças, esse acontecimento provocado por Hitler representa muitas mortes, evidências demais contra a visão de que "Deus está no comando e tem Suas razões". Preciso acreditar que o Holocausto foi pelo menos uma ofensa ao código moral de Deus tanto quanto o é para o meu. Se não, de que forma posso respeitar Deus como uma fonte de orientação moral?

Por que seis milhões de judeus e milhões de outras vítimas inocentes morreram nos campos de extermínio de Hitler? Quem foi o responsável? Acabamos recorrendo à ideia da liberdade de escolha humana. O homem, descobrimos, é a única criatura cujo comportamento não é "programado". Ele é livre para escolher ser bom, o que significa que a mesma natureza segue para o mal. Algumas pessoas são boas em uma escala relativamente modesta: caridosas, elas visitam os doentes, ajudam um vizinho a trocar um pneu furado. Outras atingem uma escala maior: trabalham diligentemente para descobrir a cura de uma doença ou lutam pelos direitos dos pobres e oprimidos. Algumas pessoas más escolhem o mal, mas têm a capacidade de ser más apenas em uma pequena escala: mentem, ludibriam, furtam. Já outras têm a capacidade de fazer mal a milhões, assim como suas contrapartes boas têm a capacidade de ajudar na mesma medida.

Hitler deve ter sido um daqueles raros gênios do mal que, tendo escolhido ser destrutivo, tinha mais capacidade de fazê-lo que praticamente qualquer outra pessoa na história. Isso levanta uma questão que não faz realmente parte da discussão: podemos dizer que alguém como Hitler *escolhe* ser destrutivo, ou teríamos que retroceder e olhar para os pais dele, para o ambiente familiar, os professores, as experiências pregressas na vida e para as circunstâncias históricas que o fizeram se tornar quem era? É provável que não exista uma resposta inequívoca. Os cientistas sociais debatem-na há anos, e continuarão a fazê-lo. Só posso dizer que a pedra angular de minha perspectiva religiosa é a crença de que os seres humanos são livres para escolher o próprio destino. Seguramente, algumas crianças nascem com determinadas limitações físicas ou mentais que lhes afetam a liberdade de escolha. Nem todas podem optar por se tornar um profissional da ópera, da cirurgia ou do atletismo. É certo ainda que alguns pais e mães maltratam seus filhos e suas filhas, que acontecimentos acidentais — guerras, doenças — traumatizam tanto as crianças que elas podem não ser capazes de fazer algo para o qual estariam qualificadas, e que algumas pessoas são tão presas a determinados hábitos que é difícil convencê-las de que são livres. Entretanto, insistirei em afirmar que todo adulto, independentemente de quão infeliz tenha sido na infância ou quão preso seja a determinados hábitos, é livre para fazer escolhas sobre a vida que deseja ter. Se não somos livres, se estamos limitados por circunstâncias e experiências, então não somos diferentes do animal que está confinado a uma vida ditada pelo instinto. Dizer que Hitler ou qualquer criminoso não escolheu ser mau, e sim foi vítima de sua criação, é tornar impossível a moralidade, a discussão sobre o certo e errado. Deixa sem resposta a pergunta "Por que todas as pessoas em circunstâncias semelhantes não se tornaram um

Hitler?". Pior ainda é dizer que "Não é culpa dele, ele não teve escolha"; isso é roubar uma pessoa de sua humanidade e reduzi-la ao nível de um animal que também não é livre para optar entre o certo e o errado.

O Holocausto aconteceu porque Hitler era um gênio dissimulado e maligno que escolheu fazer o mal em grande escala. Contudo, ele não estava sozinho, era apenas um homem, e até mesmo a capacidade que ele tinha de fazer o mal era limitada. O Holocausto aconteceu porque milhares de pessoas foram persuadidas a se juntar a ele em sua loucura, e milhões de outras se permitiram sentir medo ou vergonha de não cooperar. Pessoas irritadas e frustradas descarregaram a raiva e a frustração sobre vítimas inocentes assim que alguém as encorajou. Aconteceu porque Hitler conseguiu persuadir advogados a esquecer o compromisso com a justiça e médicos a quebrar o juramento. E aconteceu porque os governos democráticos não estavam dispostos a convocar o próprio povo para enfrentar Hitler até que seus interesses estivessem em jogo.

Onde estava Deus enquanto tudo isso acontecia? Por que Ele não interveio para impedir a catástrofe que se avizinhava? Por que não matou Hitler em 1939 e poupou milhões de vidas e sofrimento imensurável, ou enviou um terremoto para fazer ruir as câmaras de gás? Onde estava Deus? Tenho que acreditar, como Dorothee Sölle, que Ele se encontrava ao lado das vítimas e não com os assassinos, mas que não controla a escolha que o homem faz entre o bem e o mal.

Preciso crer que as lágrimas e as orações das vítimas despertaram a compaixão de Deus, mas tendo dado ao homem a liberdade de escolha, incluída a liberdade de escolher ferir o próximo, Ele estava de mãos atadas.

O cristianismo introduziu no mundo a ideia de um Deus que sofre, em paralelo à imagem de outro que cria e comanda. O judaísmo pós-bíblico também falou ocasionalmente de um Deus sofredor que, desabrigado, se junta a seu povo no exílio — um Deus que chora quando vê o que seus filhos fazem uns com os outros. Não sei o que, para Deus, significa sofrer. Não acredito que Ele seja uma pessoa como eu, com olhos e canais lacrimais para chorar e terminações nervosas para sentir dor. Contudo, desejo que a angústia que experimento quando leio sobre o sofrimento de pessoas inocentes reflita a angústia e a compaixão de Deus, mesmo que o modo de Ele sentir dor seja diferente. Gostaria de pensar que Ele é a fonte da minha capacidade de sentir empatia e indignação, e que ambos estamos do lado da vítima e não daqueles que a machucaram.

A última palavra, apropriadamente, vem de um sobrevivente de Auschwitz:

> *Enquanto estive preso em Auschwitz, jamais me ocorreu questionar as ações de Deus ou sua inércia — embora, é óbvio, eu compreenda que outras pessoas as questionassem. Eu não era nem menos nem mais religioso pelo que os nazistas fizeram conosco; e creio que minha fé em Deus*

não foi nem um pouco enfraquecida. Nunca pensei em associar a calamidade que estávamos enfrentando a Deus, culpá-Lo, ter menos fé ou deixar de acreditar Nele por não ter intervido em nosso auxílio. Deus não nos deve isso nem coisa alguma. Somos nós que devemos nossa vida a Ele. Alguém que acredita que Deus é responsável pela morte de seis milhões de pessoas porque não fez nada para salvá-las, tem o pensamento distorcido. Devemos a Deus nossa vida pelos anos que vivemos, sejam eles poucos, sejam muitos, e temos o dever de adorá-Lo e fazer o que Ele nos ordena. É para isso que estamos aqui na Terra, para servi-Lo e cumprir Suas ordens.

— Reeve Robert Brenner,
The Faith & Doubt of Holocaust Survivors
[A fé e a dúvida dos sobreviventes do Holocausto]*

---

* BRENNER, Reeve Robert. *The Faith & Doubt of Holocaust Survivors*. New Brunswick, Nova Jersey: Transaction Publishers, 2014. [*N. da E.*]

SEIS

Deus ajuda aqueles que deixam de se ferir

Uma das piores coisas que acontece a uma pessoa ferida pela vida é que ela tende a agravar o mal recebido machucando a si mesma uma segunda vez. Ela não é apenas vítima de rejeição, luto, injúria ou má sorte; muitas vezes, sente a necessidade de se ver como uma pessoa má que mereceu o que a atingiu, e por isso afasta aqueles que tentam se aproximar dela e ajudá-la. Em meio a dor e confusão, instintivamente podemos fazer a coisa errada. Nós não nos sentimos merecedores de ajuda, por isso deixamos que a culpa, a raiva, a inveja e a solidão autoimpostas façam de uma situação ruim algo ainda pior.

Certa vez, li um popular provérbio iraniano que dizia: "Se vires um cego, dá-lhe pontapés; por que você deveria ser mais gentil do que Deus?" Em outras palavras, se você vê uma pessoa sofrendo, deve acreditar que ela mereceu tal destino e que Deus quer que ela sofra. Portanto, é preciso evitá-la ou humilhá-la mais ainda, para assim colocar-se ao lado de Deus. Se você tentar ajudar o cego do provérbio ou a pessoa que sofre, estará indo contra a justiça divina.

A maioria de nós provavelmente responde a esse ponto de vista com empatia: "Isso é terrível!" Geralmente pensamos que poderíamos agir de maneira mais compassiva. No entanto, com demasiada frequência dizemos inadvertidamente às pessoas em meio ao sofrimento que, de alguma forma, elas mereceram a dor. E quando fazemos isso, alimentamos o sentimento latente de culpa, a suspeita de que talvez, de alguma forma, elas fizeram por merecer aquele destino.

Você se lembra daqueles que tentaram consolar Jó na história bíblica? Os três amigos foram visitá-lo para transmitir conforto pelas perdas e pela doença. Entretanto, eles fizeram quase tudo errado, e Jó terminou se sentindo ainda pior. Podemos refletir sobre os erros que eles cometeram, aprendendo o que uma pessoa precisa quando é ferida pela vida e como nós, enquanto amigos e vizinhos, podemos ser úteis para ela.

O primeiro erro deles foi pensar que quando Jó perguntou "Por que Deus está fazendo isso comigo?" ele estava, de fato, querendo saber, não era uma pergunta retórica; eles então o ajudariam, explicando a razão de Deus tê-lo condenado àquele destino. Na realidade, as palavras de Jó não eram um questionamento teológico, e sim um grito de dor; não era uma interrogação, e sim uma exclamação. O que Jó precisava dos amigos — o que ele realmente estava pedindo quando perguntou "Por que Deus está fazendo isso comigo?" — não era teologia, e sim compaixão. Ele não desejava que os amigos explicassem Deus, e certamente não estava interessado que eles lhe mostrassem os defeitos de sua teologia. Jó queria que dissessem que, de fato, ele era uma boa pessoa e as coisas que estavam acontecendo na vida dele eram terrivelmente trágicas e injustas. Os amigos, porém, se concentraram tanto em falar de Deus que quase se esqueceram de Jó, exceto para dizer que ele devia ter feito algo horrível para merecer aquele destino das mãos de um Deus justo.

Eles jamais haviam estado na posição de Jó; não podiam perceber quão inútil e ofensivo era da parte deles julgar o amigo que sofria, dizendo-lhe que não deveria chorar e se queixar tanto. E mesmo que tivessem sofrido perdas semelhantes, ainda não teriam o direito de julgar a dor de Jó. É difícil saber o que dizer a uma pessoa que passa por uma tragédia, mas é fácil saber o que evitar. Fazer qualquer crítica a quem sofre ("Não leve isso tão a sério", "Engula o choro, você está incomodando as pessoas") é errado. Comentários que tentem minimizar a dor do enlutado ("Provavelmente foi melhor assim", "Poderia ser muito pior", "Ela está melhor agora") serão encarados como equivocados e um exemplo de falta de empatia. Sugerir a quem vive uma tragédia que disfarce ou rejeite sentimentos ("Não temos o direito de questionar Deus", "Deus deve amar você para tê-lo escolhido para este fardo") também está errado.

Sob o impacto de suas múltiplas misérias, Jó tentava desesperadamente manter o respeito por si mesmo, a certeza de ser uma boa pessoa. A última coisa no mundo de que ele precisava era ouvir que estava fazendo tudo errado. Se as críticas se referiam à forma como ele estava sofrendo ou ao que tinha feito para merecer tal destino, o efeito proveniente disso equivalia a esfregar sal em uma ferida aberta.

Jó precisava de compaixão mais do que de conselhos, mesmo os bons e corretos. Haveria hora e lugar para isso posteriormente. O que ele ansiava era por bondade e empatia, e não por ouvir explicações teóricas sobre os desígnios de Deus. Ele queria ser consolado por quem desse a ele forças para enfrentar o próprio destino, apoiando-o em vez de repreendê-lo.

A maior carência de Jó era de amigos que lhe permitissem zangar-se, chorar e gritar, muito mais do que de pessoas incentivando-o a ser um modelo de paciência e piedade. Jó precisava que seus amigos dissessem "Sim, o que aconteceu com você é terrível e não faz sentido", em vez de "Anime-se, Jó, não é tão ruim assim". E foi aí que os três o decepcionaram. A expressão "amigos de Jó" passou a ser usada para descrever as pessoas que querem ajudar, mas que estão mais preocupadas com os próprios sentimentos e necessidades, o que acaba por piorar as coisas.

Entretanto, os amigos de Jó fizeram pelo menos duas coisas certas. Primeiro de tudo, eles estavam ao lado do companheiro desafortunado. Acredito que ver o amigo em trágicas condições era doloroso para eles, e os três devem ter sido tentados a se afastar e deixá-lo sozinho. Não faz bem ver um amigo sofrendo, e a maioria de nós preferiria evitar a experiência. Ou nos afastamos totalmente, e a pessoa que sofre acaba isolada e, ainda por cima, sentindo-se rejeitada em toda a sua dor, ou nos aproximamos e evitamos trazer à tona a razão de fazermos isso. Visitas a hospitais e ligações de condolências se tornam discussões sobre o clima, o mercado de ações ou o campeonato de futebol, assumindo um ar de irrealidade, pois o assunto mais importante na mente de todos os presentes é deixado de lado. Os amigos de Jó, pelo menos, reuniram coragem para ficar frente a frente com ele e sua tristeza.

Em segundo lugar, eles ouviram. De acordo com o relato bíblico, os três amigos sentaram-se com Jó por vários dias, sem dizer nada, enquanto o desafortunado servo de Deus derramava a tristeza e a raiva que sentia. Creio que essa foi a parte mais útil da visita. Nada do que fizeram depois fez tão bem ao amigo. Quando Jó terminou de desabafar, eles deveriam ter-lhe dito: "Sim, é realmente horrível. Não sabemos como você suporta tal sofrimento", em vez de se sentirem compelidos a defender Deus e a sabedoria convencional. A presença silenciosa dos amigos deve ter sido muito mais benéfica para Jó do que as longas explicações teológicas que se seguiram. Todos nós podemos tirar uma lição disso.

Tive uma experiência há alguns anos que me ensinou algo sobre como as pessoas pioram uma situação ruim, culpando a si mesmas. Em janeiro de certo ano, tive que oficiar dois funerais em dias consecutivos para duas idosas de minha comunidade. Ambas morreram "cheias de anos", como diria a Bíblia; sucumbiram ao desgaste natural do corpo depois de uma vida longa e plena. Elas moravam próximas uma da outra, então fiz visitas de condolências às duas famílias na mesma tarde.

Na primeira casa, o filho da falecida se lamentava: "Se ao menos eu tivesse mandado minha mãe para a Flórida, em vez de deixá-la aqui, nesse frio cheio de neve, ela estaria viva hoje. A culpa é minha por ela ter morrido." Na segunda casa, o filho da outra senhora disse: "Se eu não tivesse insistido que minha mãe fosse para a Flórida, ela estaria viva hoje. Aquela longa viagem de avião, a mudança abrupta de clima, foi mais do que ela podia suportar. A culpa é minha por ela estar morta."

Quando as coisas não saem como gostaríamos, é muito tentador supor que, se tivéssemos feito as coisas de maneira diferente, a história teria um final feliz. Os sacerdotes sabem que sempre que alguém morre, os que ficam se sentem culpados. Se o resultado das ações foi trágico ou infeliz, acreditam que ter feito o oposto — manter a mãe em casa, adiar a operação — teria sido melhor. Afinal, como seria possível um resultado ainda pior? Os que ficam sentem-se culpados por continuarem vivos enquanto um ente querido está morto. Sentem culpa ao pensar nas coisas que nunca chegaram a dizer a quem faleceu e nas coisas boas para as quais jamais encontraram tempo de fazer. Por certo, muitos dos rituais de luto nas religiões destinam-se a ajudar os enlutados a se livrar desses sentimentos irracionais de culpa por algo ruim que não causaram de fato. Contudo, o sentimento de ser responsável pela tragédia — "É minha culpa" — parece ser universal.

Aparentemente, há dois elementos envolvidos nessa prontidão em nos assumir culpados. O primeiro é a nossa extenuante necessidade de acreditar que o mundo faz sentido, que existe uma causa para cada efeito e uma razão para tudo o que acontece. Isso nos leva a encontrar padrões e ligações tanto em casos nos quais realmente existem (o câncer de pulmão causado pelo fumo; o menor risco de doenças contagiosas no organismo de pessoas que lavam mais as mãos) quando nos quais o padrão se limita à nossa imaginação ("Meu time ganha sempre que uso o meu suéter da sorte"; "Aquele rapaz de quem gosto fala comigo somente em dias ímpares, exceto quando há um feriado para desfazer o padrão"). Quantas superstições populares (e pessoais) se baseiam em algo bom ou ruim ter ocorrido logo depois de determinada ação, e assumirmos que a mesma coisa seguirá sempre o mesmo padrão?

O segundo elemento é a crença de que *nós* somos a causa de tudo que acontece, especialmente das coisas ruins. A linha entre acreditar que todo efeito tem uma causa e crer que todo desastre é culpa nossa é tênue. As raízes desse sentimento podem estar em nossa infância. Os psicólogos falam do mito da onipotência infantil. Um bebê acredita piamente que o mundo existe para satisfazer-lhe as necessidades e que ele é responsável por tudo o que acontece em seu universo. Ele acorda de manhã e convoca o restante do mundo para realizar suas tarefas. Chora, e alguém vem acudi-lo. Quando está com fome, as pessoas o alimentam, e quando faz xixi, a fralda é trocada. Muitas vezes, não superamos completamente essa noção infantil de que nossos desejos fazem com que as coisas aconteçam. Uma parte de nossa mente continua a acreditar que as pessoas adoecem porque as odiamos.

Nossos pais, na verdade, frequentemente alimentam essa noção. Não percebendo quão vulnerável é nosso ego na infância, descontam em nós quando estão cansados ou frustrados por razões que nada têm a ver conosco. Gritam porque ficamos no meio do caminho, porque os brinquedos estão espalhados ou porque o volume da TV está muito alto. E então, em nossa inocência infantil, aceitamos que eles têm razão, somos o problema. A raiva pode passar em um piscar de olhos, mas continuamos a carregar as sementes da responsabilidade irrigadas pelo pensamento de que sempre é nossa responsabilidade quando alguma coisa dá errado. Anos depois, se algo ruim acontece conosco ou à nossa volta, os sentimentos da infância ressurgem e instintivamente internalizamos que mais uma vez arruinamos tudo.

Até mesmo Jó preferiria que Deus provasse sua culpa a admitir que tudo não passara de um erro. Se lhe fosse mostrado que merecia seu destino, pelo menos o mundo faria sentido. Não seria nada agradável sofrer pelos próprios delitos, mas seria mais fácil de aceitar a dor desta maneira do que vir a descobrir que vivemos num mundo aleatório em que as coisas acontecem sem motivo.

Ocasionalmente, é lógico que sentir culpa é apropriado e necessário. Às vezes *nós causamos* a tristeza em nossa vida e devemos assumir a responsabilidade. Um homem um dia veio ao meu escritório para dizer que havia deixado esposa e filhos pequenos para se casar com a secretária, e me perguntou como eu poderia ajudá-lo a superar a culpa pelo que tinha feito à própria família. Ele estava me pedindo algo inadequado, já que *deveria* se sentir culpado e pensar em fazer as pazes com a própria família, em vez de procurar uma maneira de se livrar da responsabilidade. Ter noção de nossas insuficiências e falhas e reconhecer que poderíamos ser pessoas melhores do que somos, é uma das molas propulsoras para nosso crescimento moral e a melhoria da sociedade como um todo. Um sentimento de culpa apropriado faz com que as pessoas tentem ser melhores. No entanto, sentir-se excessivamente responsável, uma tendência a nos culpar por coisas que inequivocamente não foram causadas por nós, acaba com nossa autoestima e talvez nossa capacidade de crescer e agir.

Uma das coisas mais difíceis que Bob já fez foi internar a mãe de 78 anos em uma casa de repouso. Foi um caso delicado, porque ela estava lúcida e saudável e não necessitava de cuidados médicos, mas já não conseguia se alimentar sozinha ou cuidar de si mesma. Seis meses antes, Bob e a esposa a haviam levado para a casa deles; o apartamento dela fora destruído pelo fogo causado por uma panela esquecida no fogão aceso. Ela estava sozinha, deprimida e confusa. A esposa de Bob tinha que voltar para casa do trabalho ao meio-dia para almoçar com a sogra e sentá-la em frente à televisão até que os filhos chegassem da escola. A filha adolescente de Bob abdicara de sua vida social noturna para ser "babá" da avó quando Bob e a esposa saíam. As crianças eram desencorajadas a convidar amigos para a casa: "O apartamento é pequeno e fica muito barulhento." Depois de algumas semanas, ficou evidente que essa dinâmica não estava funcionando. Os membros da família tornaram-se nervosos e irritados uns com os outros. Cada um enumerava ao que havia "renunciado". Bob amava a mãe, as crianças adoravam a avó, mas eles se deram conta de que ela precisava de mais do que estavam em condições de oferecer. Ninguém estava preparado para abrir mão da respectiva vida pessoal para cuidar de uma senhora idosa. Eles conversaram sobre isso certa noite, fizeram algumas averiguações e, relutantes, mas obviamente aliviados, decidiram transferi-la para uma casa de repouso próxima. Bob sabia que estava fazendo a coisa certa, mas ainda se sentia culpado por isso. A mãe dele não queria ir; prometeu exigir menos em casa e ficar fora do caminho. Chorou quando viu os residentes mais velhos e incapacitados do lugar, talvez imaginando quanto tempo levaria para ficar como eles.

Bob não se considerava uma pessoa religiosa. Naquele fim de semana, porém, ele decidiu ir ao culto antes de visitar a mãe. Estava apreensivo em vê-la, com medo do que encontraria ou do que a mãe diria a ele; esperava que o culto lhe desse a tranquilidade e a paz de espírito de que precisava. Por coincidência, o sermão daquela manhã foi sobre o quinto mandamento: "Honra teu pai e tua mãe." O sacerdote falou da luta que os pais empreendem para criar os filhos e da relutância deles em dar valor a esses sacrifícios. Ele criticou o egocentrismo da geração mais jovem ao dizer: "Por que uma mãe pode cuidar de seis filhos, mas seis filhos não podem cuidar de uma mãe?" Ao redor de Bob havia homens e mulheres mais velhos, acenando com a cabeça em aprovação.

Bob deixou o culto sentindo-se magoado e com raiva, como se tivesse sido informado, em nome de Deus, de que era egoísta e indiferente. Almoçou irritado com a esposa e os filhos. Na casa de repouso, mostrou-se impaciente com a mãe e incapaz de conversar com ela. Estava envergonhado pelo que lhe tinha feito e com raiva dela por ser a causa do embaraço e da autocrítica que o consumiam. A visita foi um desastre emocional, deixando todos se perguntando se a internação daria certo. Bob foi assombrado pela ideia de a mãe não ter muito tempo de vida e, quando ela morresse, ele jamais ser capaz de perdoar a si mesmo pelo egoísmo de ter lhe tornado miseráveis os últimos anos de vida.

A situação de Bob teria sido difícil sob quaisquer circunstâncias. O sentimento de culpa e a ambivalência estavam lá desde o início. O desamparo de mães e pais idosos e seus apelos aos filhos e filhas despertam sentimentos de inadequação, ressentimentos há muito enterrados e culpa em pessoas perfeitamente decentes. É uma situação difícil de lidar, mesmo nas melhores condições. Pais e mães idosos geralmente estão com medo, sentindo-se vulneráveis e, às vezes, mostrando-se emocionalmente imaturos. Também pode acontecer de eles usarem a doença, a solidão ou a culpa para manipular os filhos e filhas e conseguir a atenção de que desesperadamente precisam. A proverbial mãe judia que não deixa os filhos esquecerem os sacrifícios que ela fez em prol da felicidade deles — uma dívida impagável no tempo de vida de qualquer um — tornou-se uma figura de referência da literatura e do humor. (Quantas mães judias são necessárias para trocar uma lâmpada? Nenhuma: "Não se preocupe comigo, vá se divertir. Ficarei bem, sentada aqui no escuro.") A situação de Bob, entretanto, se agravou porque ele ouviu a voz da religião com o tom de julgamento. É necessário que haja sermões sobre a honra devida aos pais, como também cuidado para que eles não aticem a predisposição das pessoas de se sentirem culpadas. Se Bob estivesse mais lúcido naquela manhã, poderia ter dito ao pregador que talvez seis filhos não possam cuidar de uma mãe porque todos eles têm a própria família — esposa ou marido, filhos e filhas para cuidar, ou explicado que amava a mãe, mas se sentia obrigado a cuidar primeiro do bem-estar da esposa e dos filhos, assim como, quando era jovem, a mãe devia cuidar do pai e da mãe dela, mas estava mais preocupada com ele, seu filho. Se Bob tivesse mais confiança de que escolhera a melhor opção, poderia ter respondido a essas acusações. Contudo, como entrara no culto já se sentindo culpado, as palavras do pastor pareceram confirmar seus pensamentos perturbadores de que era, de fato, uma pessoa má e egoísta.

Nosso ego é tão vulnerável, é tão fácil fazer-nos sentir que somos pessoas ruins, que é indigno da religião nos manipular dessa forma. Na verdade, o objetivo da religião deveria ser ajudar a nos sentir bem quando fizermos escolhas honestas e razoáveis, mas por vezes dolorosas, no que diz respeito à nossa vida.

Ainda mais do que os adultos, as crianças possuem uma tendência a se ver como o centro do mundo e a acreditar que seus atos fazem as coisas acontecerem. Elas precisam ser arduamente convencidas de que quando o pai ou a mãe morre não foi por culpa delas. "Papai não morreu porque você estava com raiva dele. Ele morreu porque sofreu um acidente (ou teve uma doença grave) e os médicos não conseguiram salvá-lo. Sabemos que você o amava, mesmo que às vezes ficasse com raiva dele. Todos nós em alguns momentos sentimos raiva das pessoas que amamos, mas isso não significa que não as amemos ou que realmente queiramos que algo ruim aconteça com elas."

As crianças devem ter a certeza de que os pais que morreram não as rejeitaram ou *escolheram* deixá-las — uma conclusão a que erroneamente chegam quando frases como "Papai foi embora e não vai voltar" são ditas a elas. Mesmo o autor do Salmo 27 da Bíblia, um adulto maduro e poeta talentoso, fala da morte do pai e da mãe nestes termos: "Porque, quando meu pai e minha mãe me desampararem (o Senhor me recolherá)." A morte deles abalou seu emocional de tal maneira que ele não consegue ver as coisas da perspectiva de seus progenitores, que estavam doentes e morreram, e sim apenas do próprio ponto de vista, sentindo-se o filho desamparado porque *eles* o *deixaram*. Seria bom assegurar a uma criança que o pai dela queria viver, voltar do hospital e fazer tudo o que costumava fazer com ela, mas a gravidade da doença ou do acidente o impediu.

Tentar fazer com que uma criança se sinta melhor dizendo a ela como as coisas no céu são bonitas e como o pai está feliz por estar com Deus é outra forma de privá-la do direito de lamentar a morte. Quando fazemos isso, pedimos a uma criança que negue e desconfie dos próprios sentimentos, que se sinta feliz quando na verdade está triste, assim como todos nós ao redor dela estamos.

O direito da criança de se sentir chateada e zangada, e sua adequação à situação — sentindo raiva do ocorrido, não do pai falecido ou de Deus —, deve ser reconhecido em um momento como este.

A morte de outra criança, seja ela próxima, seja uma estranha cuja partida é divulgada na mídia, também introduz no mundo de uma criança a sensação de vulnerabilidade. Pela primeira vez, ela percebe que algo assustador e doloroso pode acontecer a alguém da idade dela. Eu estava à frente da congregação há menos de um ano quando fui convocado para dar a notícia a um pai e a uma mãe de que o filho de 5 anos tinha sido atropelado e morto saindo do ônibus que o levava para casa. Tentei ajudá-los a lidar com essa dor avassaladora (que também me atingia, já que eu gostava do menino e da família dele, e isso se refletia nos meus sentimentos, porque recentemente soubera que meu filho morreria jovem) e, além disso, precisei explicar às minhas crianças e a outros jovens da comunidade como tal coisa poderia acontecer a uma criança pequena.

(Quando eu estava indo ao encontro do pai e da mãe do menino na noite seguinte ao acidente, meu filho, Aaron, então com 4 anos, me perguntou aonde eu estava indo. Hesitei em dizer-lhe que um garoto que tinha quase a idade dele havia falecido, e depois sair de casa antes de podermos falar sobre isso. Por isso, respondi que um menino tinha sido ferido num acidente e eu ia ver como ele estava. Às sete da manhã do dia seguinte, as primeiras palavras de Aaron para mim foram: "O garotinho está bem?")

Minha resposta à comunidade da criança morta e a seus coleguinhas da creche veio em duas partes. Primeiramente, assegurei a eles que Jonathan tinha sido vítima de um acontecimento atípico, e essa era a razão de todos estarem falando sobre aquilo. Foi por isso que o acidente estava nos programas de rádio e na primeira página do jornal local. Esse tipo de coisa acontece tão raramente que vira notícia. Quase que a todo momento, as crianças descem do ônibus e atravessam a rua em segurança. Na maioria das vezes, elas caem, se machucam e melhoram depois de um tempo. Quase sempre, quando as crianças adoecem, os médicos conseguem fazê-las se sentir melhor. Contudo, por vezes, em raras ocasiões, uma criança se machuca ou adoece e ninguém consegue curá-la, e ela morre. Quando isso acontece, todos ficam perplexos e muito tristes.

Em seguida, disse às crianças que não queria que elas pensassem que o que acontecera a Jonathan fora um castigo por ele ter sido mau: "Se você se lembra que Jonathan se comportou mal alguns dias atrás, e ontem foi atropelado e morreu, isso não significa que, se você às vezes se comportar mal, algo ruim acontecerá com você. Jonathan não foi atropelado porque era um menino mau e merecia ser punido. Ele merecia viver, brincar e se divertir, mas esse terrível acidente sem sentido aconteceu mesmo assim."

Explicação similar deve ser dada às crianças que ficam perturbadas ao ver uma pessoa com alguma limitação física, ou que fogem de alguém com deficiência visual ou de um homem com uma prótese porque ficam assustadas com a ideia de que algo semelhante pode acontecer a elas: Não sei o que aconteceu com aquele homem. Talvez tenha sofrido um acidente, ou contraído uma doença grave. Talvez estivesse no Exército, lutando para proteger este país, e foi ferido. Certamente não significa que ele era uma pessoa má que foi punida por Deus. (Pensem em todos os contos de fadas nos quais os personagens que têm alguma deficiência — como o arqui-inimigo de Peter Pan, Capitão Gancho, que não tem um dos membros — são retratados como vilões sub-humanos que ameaçam crianças.) Podemos chamar a atenção delas para as semelhanças entre elas e essas pessoas, em vez de realçar as diferenças. Às vezes, falar abertamente com uma pessoa sobre a deficiência que ela tem ou sobre a prótese que ela usa pode dissipar a estranheza e o medo que a criança sente. (Isso nem sempre será possível, no entanto. Algumas pessoas têm dificuldade em interagir ou falar de suas deficiências. Para preservar a própria estabilidade emocional, podem achar necessário ser encaradas como uma pessoa que não é em nada diferente de qualquer outra.)

As crianças são particularmente suscetíveis ao sentimento de culpa. No entanto, mesmo quando adultos, muitos de nós jamais superamos totalmente essa tendência. Uma palavra errada, mesmo de alguém que só quer ajudar, servirá para reforçar a sensação de que a culpa é, de fato, nossa.

Beverly ficou arrasada quando o marido anunciou que ia deixá-la. Eles estavam casados havia cinco anos. Não tinham filhos; ele a convencera de que não podiam se dar ao luxo de ela parar de trabalhar. Discutiam de vez em quando, mas Beverly achava que seu casamento não era melhor nem pior do que o de seus amigos. Então, num sábado de manhã, ele avisou que estava indo embora; que a achava chata, que vinha conhecendo outras mulheres mais interessantes e não achava justo ambos ficarem "presos um ao outro" em tais circunstâncias. Uma hora depois, ele tinha feito as malas e ido para o apartamento de um amigo. Atordoada, Beverly dirigiu até a casa dos pais para dar a eles a notícia. Os dois choraram com ela e a confortaram, alternando frases amargas sobre o genro e conselhos práticos envolvendo advogados, chaves de casa e contas bancárias.

A mãe de Beverly era uma mulher carinhosa e preocupada, e depois do jantar, naquela noite, ela chamou a filha e tentou conversar sobre o que acontecera. Procurando ser útil, perguntou sobre a vida sexual, as finanças, os padrões de interação, procurando qualquer pista sobre o que havia em Beverly que pudesse ter causado o problema. De repente, Beverly largou sua xícara de café e explodiu: "Por favor, você poderia parar com isso? Estou cansada de ouvir 'Talvez se você tivesse feito isso' e 'Talvez se você não tivesse feito aquilo'. Você faz parecer que foi tudo culpa minha. Que se eu tivesse me esforçado mais para ser uma boa esposa, ele não teria me deixado. Bem, isso não é justo. Eu fui uma boa esposa. Não mereço que isso aconteça. A culpa não é minha!"

E ela estava certa, assim como também estava a mãe em tentar uma conversa para confortá-la. É injustificado, porém, e até mesmo cruel, dizer à pessoa que foi ferida, seja por divórcio, seja por morte ou outra desgraça, "Talvez se você tivesse agido de forma diferente as coisas não tivessem terminado tão mal". Na verdade, o que estamos realmente dizendo é: "A culpa é sua por ter feito o que fez." Às vezes, casamentos chegam ao fim porque as pessoas são imaturas ou as expectativas, irrealistas, de ambos os lados. As pessoas morrem porque a doença que tinham era incurável, e não porque a família procurou o médico errado ou esperou tempo demais para ir ao hospital. Às vezes, as condições econômicas ou a concorrência acirrada levam empresas à falência, e não a decisão errada de alguém num momento crucial. Para sermos capazes de juntar os cacos da nossa vida e continuar a vivê-la, temos que superar o sentimento irracional de que cada infortúnio é culpa nossa, resultado direto de nossos erros ou de mau comportamento. Não somos tão poderosos assim. Nem tudo que acontece no mundo é nossa culpa.

Há alguns anos, participei do funeral de uma mulher de 38 anos que tinha morrido de leucemia, deixando o marido e o filho de 15 anos. Quando entrei na casa da família depois do enterro, ouvi uma tia dizer ao menino: "Não se sinta mal, Barry. Deus levou sua mãe porque Ele precisava dela agora mais do que você." Dou à tia o benefício da dúvida: com certeza ela estava tentando fazer o menino se sentir melhor, dar sentido a um acontecimento horrível e trágico. No entanto, para mim ela cometeu pelo menos três erros graves nessas duas frases.

Em primeiro lugar, ela disse a Barry para não se sentir mal. Contudo, por que ele não deveria se sentir mal no dia do enterro da própria mãe, ou ser privado do direito de sentir dor, raiva, luto? Por que deveria censurar sentimentos honestos e legítimos para facilitar o dia das outras pessoas?

Em segundo lugar, ela justificou a morte da mãe dele como Deus "levando-a embora". Não acredito nisso. Não se encaixa em minha compreensão Dele, e só serve para tornar Barry ressentido em relação a Deus e menos receptivo ao conforto oferecido pela religião.

O mais grave de tudo, porém, é que ela sugeriu a Barry que Deus levara a mãe dele porque "precisava dela agora mais do que você". Acho que compreendo o que ela estava tentando dizer: que a morte da cunhada, aparentemente sem sentido, servia a algum propósito no desígnio de Deus. Entretanto, suspeito que não foi essa a mensagem que Barry recebeu, e sim: "É sua culpa ela ter morrido. Você não precisava da sua mãe o suficiente. Se precisasse, ela ainda estaria viva."

Você consegue se lembrar de como é ter 15 anos? Dando seus primeiros passos vacilantes em direção à independência, descobrindo o amor, dependente dos pais e impaciente com o fato de ainda precisar deles, ansioso pelo dia em que poderá viver por conta própria? Se Barry era um típico garoto de 15 anos, ele comia a comida que os pais cozinhavam para ele, usava as roupas que compravam, morava em um quarto na casa deles, tinha que pedir que o levassem aonde deveria ou queria ir e sonhava com o dia em que não precisaria mais deles daquela maneira. Então, de repente, a mãe morre e a tia diz: "Você não precisava dela o suficiente, foi por isso que ela morreu." Não era isso o que aquele jovem precisava ouvir naquele dia.

Tive que passar muitas horas com Barry, lutando contra a raiva que ele sentia por mim como representante do Deus cruel que havia lhe tirado a mãe, relutante em discutir um assunto doloroso no qual ele temia provar a culpa e a vergonha que guardava. Precisei convencê-lo de que não era culpado pela morte da mãe. Ela não morrera porque ele se ressentira dela, a negligenciara, a destratara ou porque desejara, algumas vezes, que saísse da vida dele. Ela morrera porque tinha leucemia. Disse-lhe que não sabia por que a mãe dele desenvolvera leucemia. Não sabia por que alguém tinha essa doença. Entretanto, eu acreditava, sem qualquer sombra de dúvida, que Deus não quisera que aquilo acontecesse; não como um castigo para ele ou para ela. Como acho que as pessoas religiosas deveriam dizer para aqueles que foram feridos pela vida, disse a Barry: "Isso não foi sua culpa. Você é uma pessoa boa e decente que merece mais. Compreendo que esteja magoado, confuso, com raiva do que aconteceu, mas não há razão para se sentir culpado. Como homem de fé, vim aqui em nome de Deus não para julgá-lo, e sim para estender minha mão a você. Vai me deixar ajudá-lo?"

Sempre que coisas ruins acontecem com pessoas boas, é provável que pensemos que poderíamos ter evitado o infortúnio se tivéssemos agido de forma diferente. E é quase certo que haverá raiva. Parece instintivo que fiquemos zangados quando estamos feridos. Bato com o dedão do pé numa cadeira e sinto raiva da cadeira por ela estar ali, e raiva de mim mesmo por não olhar por onde andava. Uma das importantes questões a se fazer quando estamos magoados e zangados é: o que fazemos com nossa raiva?

Linda, uma orientadora pedagógica, chegou do trabalho certa tarde e descobriu que seu apartamento havia sido invadido e coisas tinham sido roubadas. A TV e o aparelho de som haviam sumido, assim como as joias com que a avó a presenteara. Havia roupas espalhadas por todo o apartamento; a gaveta de lingerie fora esvaziada no chão. Linda ficou ainda mais sentida e chateada com a invasão de sua privacidade do que com o prejuízo financeiro. Se sentindo quase fisicamente violada, ela se deixou cair em uma cadeira e chorou pela injustiça do que acontecera a ela. Emoções conflitantes tomaram-lhe conta. Ela se sentia magoada e envergonhada sem saber por quê; com raiva de si mesma por não deixar o apartamento mais seguro; odiando o trabalho por mantê-la longe de casa e o apartamento à mercê de assaltantes, e por fazê-la voltar para casa tão emocionalmente esgotada a ponto de não conseguir lidar racionalmente com algo tão perturbador. Ela ficou irritada com o porteiro do prédio e o policial da esquina por não protegerem melhor sua propriedade; com a cidade por estar cheia de criminosos; ela sentia raiva do mundo em geral por ser um lugar tão injusto. Linda estava magoada e ciente de quão profundamente chateada se sentia, mas não sabia onde focar a raiva.

Por vezes, descontamos nossa raiva na pessoa responsável por nos magoar: o supervisor que nos despediu, a pessoa que nos deixou, o motorista que causou o acidente. Às vezes, porque nossa raiva é tão grande que não conseguimos contê-la, encontramos alguém a quem apontar o dedo, seja a pessoa culpada ou não, convencendo-nos de que ela poderia — e deveria — ter evitado a tragédia. Ouvi histórias sobre a morte de uma esposa ou de um filho ocorrida havia uma década e, ao falarem sobre o que aconteceu, a mesma raiva do médico que não estava disponível ou que errou um diagnóstico ressurgiu, com a mesma intensidade de dez anos atrás.

Um dos piores exemplos disso é a troca de acusações entre marido e esposa depois da morte de um filho: "Por que você não tomou mais cuidado?"; "Por que não estava em casa para ajudar com as tarefas domésticas?"; "Talvez se você o tivesse alimentado melhor..."; "Se ele não tivesse ficado resfriado naquela viagem idiota..."; "O meu lado da família esbanja saúde, seus parentes é que são propensos a doenças". Um homem e uma mulher que se preocupam um com o outro foram profundamente magoados, e por isso estão com raiva e a dirigem contra o alvo disponível mais próximo.

De maneira semelhante, mas não tão trágica, é o homem que perde o emprego e desconta a raiva na esposa — ela tirava a concentração dele no trabalho com problemas domésticos, ela o desmoralizava, não era uma boa anfitriã para o patrão ou o cliente importante que ele recebia em casa.

Às vezes, se não conseguimos encontrar outra pessoa na qual descontar nossa raiva, fazemos isso com nós mesmos. A definição clássica da depressão é a raiva que se volta para dentro, em vez de ser dissipada. Suspeito que todos conhecemos pessoas que ficaram deprimidas depois de uma perda, um divórcio, uma rejeição ou uma demissão. Elas se isolaram em casa, permanecendo na cama até o meio-dia, negligenciando a própria aparência e rejeitando a aproximação de amigos. Isso é parte da depressão: a raiva que sentimos por termos sido feridos que tem como alvo nós mesmos. Nos culpamos e então queremos nos machucar para sentir que fomos punidos.

E às vezes ficamos com raiva de Deus. Fomos educados para acreditar que tudo o que acontece é por vontade Dele, logo, Ele deve ser responsabilizado pelo acontecido ou, pelo menos, por não ter impedido o que quer que tenha ocorrido de ruim. As pessoas religiosas deixam de sê-lo talvez por descobrirem que as orações e os cultos já não expressam o que sentem ("O que eu tenho para agradecer?"), talvez como uma forma de "acertar as contas com Deus". Às vezes, a tragédia transforma pessoas céticas em religiosas de uma forma raivosa e desafiadora. Como me disse um homem: "Tenho que acreditar em Deus para ter alguém a quem culpar, alguém para amaldiçoar e com quem gritar, quando me lembrar do que passei."

Em seu livro *The Promise* [A promessa], Chaim Potok conta a história de um jovem de 15 anos, Michael Gordon, que adoece mentalmente porque não sabe como lidar com a raiva que sente do pai: ele o ama e admira tanto que não consegue encarar o fato de muitas vezes se ressentir dele. O psiquiatra, Danny Saunders, está apto a ajudar Michael porque teve que lidar com os próprios sentimentos ambivalentes de amor-ódio-admiração-raiva em relação ao seu pai, um rabino poderoso, admirável e dominador — e o fez com sucesso. Um dos fascinantes personagens secundários em *The Promise* é o rabino Kalman, professor do seminário rabínico frequentado pelo melhor amigo de Danny (que é o narrador do livro). O rabino Kalman é um sobrevivente do Holocausto, cuja esposa e filhos morreram nos campos de extermínio. Ele é um judeu inflexivelmente ortodoxo que considera pecado até mesmo levantar questões sobre Deus e por que Ele faz as coisas da maneira que faz. É preciso ter fé e jamais duvidar.

Potok nunca explicita esse contexto, mas compreendi o personagem do rabino Kalman como sendo destinado a fornecer um paralelo com Danny Saunders e Michael Gordon. Assim como Michael ficou doente por não conseguir lidar com a raiva que nutria pelo pai, o rabino Kalman tornou-se uma pessoa tirânica e antipática por não poder expressar a raiva que sentia do Pai Celestial. O rabino Kalman não permite dúvidas, nenhum questionamento sobre Deus, porque em algum lugar, nos recônditos de sua mente, ele sabe quão furioso está com Deus pela morte de sua família, e que qualquer pergunta terminará em uma explosão de raiva contra Ele, talvez até a rejeição total Dele e da religião. E Kalman não pode arriscar que isso aconteça. O rabino tem medo de que a ira que sentia, finalmente liberta, seja tão poderosa a ponto de destruir Deus, ou medo de que, caso revele sua mágoa, Deus o castigue ainda mais?

No livro, Michael aprende a não ter medo da raiva e é curado. A raiva que ele sente é normal, compreensível e muito menos destrutiva do que acreditava ser. Para imenso alívio, ele entende que não há problema em ficar zangado com as pessoas que você ama. Ninguém diz ao rabino Kalman, entretanto, que não há problema em sentir raiva de Deus.

Na verdade, sentir raiva de Deus não fará mal a Ele nem O deixará ressentido a ponto de aplicar uma punição. Se nos faz sentir melhor descarregar nossa raiva contra Ele por causa de uma situação dolorosa, somos livres para fazê-lo. O único erro nisso é que o que quer que tenha nos acontecido não foi realmente culpa de Deus.

O que fazemos com nossa raiva quando nos magoamos? O objetivo a ser alcançado é ficar *com raiva da situação*, mais do que de nós mesmos, daqueles que poderiam ter impedido o que aconteceu ou estão perto de nós tentando nos ajudar, ou de Deus, que deixou o destino seguir seu curso. Sentir raiva de nós mesmos nos deixa deprimidos. Senti-la por outras pessoas as repele e torna mais difícil para elas nos ajudar. Zangar-se com Deus ergue uma barreira entre nós e todo o apoio e conforto que a religião pode proporcionar nesses momentos. Contudo, ficar com raiva da situação, reconhecê-la como muito ruim, injusta e totalmente indevida, gritar, reclamar e chorar nos permite descarregar a raiva que faz parte de nossa mágoa, sem dificultar que sejamos ajudados.

A inveja e o ciúme são partes quase tão inevitáveis de ser ferido pela vida quanto a culpa e a raiva. Como pode a pessoa que está magoada não invejar quem talvez não mereça, porém recebe mais? Ou quem enviuvou não sentir o mesmo em relação àqueles que ainda têm o cônjuge vivo? Como deve reagir a mulher infértil e desiludida pela medicina ao ouvir da cunhada que, por acidente, ela pode estar grávida pela quarta vez?

Não adianta combater a inveja e o ciúme com moral e tentar dissuadir as pessoas de senti-los. Ambos são sentimentos muito fortes, que nos tocam profundamente e nos atingem nos pontos mais fracos. Alguns psicólogos traçam a origem da inveja e do ciúme na rivalidade entre irmãos. Quando crianças, competimos com nossos irmãos e irmãs pelo amor e atenção limitados de nosso pai e nossa mãe. É muito importante não só sermos bem tratados, como também termos vantagem sobre os outros. A parte favorita do frango, a maior fatia de bolo, não são apenas porções de comida, e sim declarações simbólicas de qual filho é mais amado. É aquela certeza de ganhar o amor, não a comida, que ansiamos e pelo qual disputamos. (A primeira menção de "pecado" na Bíblia não está relacionada a Adão e Eva comendo o fruto proibido, e sim ao fratricídio de Abel pelo invejoso e ciumento Caim — ele matou o irmão porque a oferenda de Abel, e não a dele, foi a escolhida por Deus.) Mesmo quando crescemos, talvez nunca superemos totalmente a rotineira competição da infância, a necessidade premente de saber que somos "mais amados" e, principalmente, a noção de Deus como um Pai Celestial. Para nós, a dor de um acidente ou uma perda já é ruim o suficiente. No entanto, sofrer enquanto aqueles que nos rodeiam continuam a sorrir é ainda pior; isso não só desperta em nós toda a velha competitividade da infância, como também parece confirmar publicamente que Deus os ama mais do que a nós.

Podemos entender a lógica da afirmação de que não seríamos mais saudáveis se nossos amigos e vizinhos estivessem gravemente doentes, nem teríamos qualquer prazer em vê-los nesse estado. Temos certeza de que a solidão de nossa viuvez não terminaria se os cônjuges de nossos amigos morressem, e realmente não é o que queremos. (Acontecerá um dia, e então vamos precisar lidar com a culpa por tê-lo um dia desejado.) Temos consciência de tudo isso e ainda assim nos sentimos ressentidos por eles ainda terem saúde, família, emprego quando nós perdemos tudo isso. Podemos até compreender que, à medida que sentimos rancor da bem-aventurança das pessoas que nos rodeiam, fazemos com que seja mais difícil para elas nos ajudar, porque elas sentem nosso ressentimento e nossa repulsa. Nossa inveja fere mais a nós que os outros, e sabemos disso. E mesmo assim não conseguimos evitar senti-la.

Há um velho conto chinês sobre uma mulher cujo único filho morrera. Em sua dor, ela foi até o homem santo e perguntou: "Que preces, que encantamentos mágicos você tem para trazer meu filho de volta à vida?" Em vez de mandá-la embora ou argumentar com ela, o homem respondeu: "Traga-me um grão de mostarda de um lar que jamais conheceu a tristeza. Vamos usá-lo para expulsar o pesar da sua vida." A mulher partiu imediatamente em busca daquele grão de mostarda mágico. Ela rumou primeiramente a uma esplêndida mansão, bateu na porta e perguntou: "Estou à procura de um lar que jamais conheceu a tristeza. É aqui? É muito importante para mim." Responderam a ela: "Você certamente veio ao lugar errado." E passaram a descrever todas as tragédias que recentemente se abateram sobre eles. A mulher disse a si mesma: "Quem é mais capaz de ajudar esses pobres infelizes do que eu, que tive meu quinhão de infortúnio?" Ela ficou para confortá-los, depois continuou a busca por um lar que jamais tivesse conhecido a tristeza. Para onde quer que fosse, porém, de casebres a palácios, encontrava uma história de tristeza e infelicidade seguida de outra — até estar tão envolvida em atender às necessidades da dor alheia que se esqueceu da busca pelo grão de mostarda mágica, sem nunca perceber que, de fato, havia expulsado a tristeza da própria vida.

Talvez esta seja a única cura para a inveja: perceber que as pessoas contra quem nos ressentimos e as quais nos provocam rancor por terem o que nos falta provavelmente carregam também feridas e cicatrizes. Elas podem até mesmo sentir inveja de nós: a mulher casada que tenta confortar a vizinha viúva pode ter motivos para temer que o marido perca o emprego ou ter um filho problemático que causa preocupações; a cunhada grávida que talvez tenha recebido notícias perturbadoras sobre a própria saúde. Quando eu era um jovem rabino, muitas vezes as pessoas resistiam aos meus esforços para ajudá-las com sua tristeza. Jovem, saudável, com emprego remunerado: quem era eu para entrar na casa delas e desfiar clichês sobre compartilhar a dor que sentiam? No entanto, ao longo dos anos e à medida que a congregação aprendia mais sobre a doença e o prognóstico de Aaron, essa resistência minguou. Passaram a aceitar minhas condolências, porque já não tinham motivos para invejar minha felicidade, comparada à má sorte que tinham. Eu já não era mais o filho predileto de Deus. Eu era o irmão que sofre, e eles então podiam receber minha ajuda.

Contudo, somos todos irmãos no sofrimento. Ninguém vem a nós de um lar que jamais conheceu a tristeza. Quem nos ajuda o faz porque também sabe o que é ter sido magoado pela vida.

Não acho que devemos confrontar uns aos outros com nossos problemas. ("Você acha que tem problemas? Deixe-me contar os meus e você perceberá como está bem de vida.") Esse tipo de competitividade não leva a nada. É tão ruim quanto a que, em primeiro lugar, gera rivalidade, ciúme e inveja entre irmãos e irmãs. A pessoa aflita não está à procura de uma vaga para as Olimpíadas do Sofrimento. Seria de grande ajuda, porém, se nos lembrássemos disso: a angústia e o desgosto podem não ser distribuídos uniformemente pelo mundo, mas são distribuídos de forma ampla. Todos recebem a respectiva parte. Se conhecêssemos os fatos, dificilmente encontraríamos alguém cuja vida fosse invejável.

SETE

Deus não pode fazer tudo, mas pode fazer algumas coisas importantes

Certa noite, pouco antes das 11 horas, o telefone toca em minha casa. Acho que os telefones têm uma maneira especial e sinistra de tocar tarde da noite, avisando antes mesmo de você atender que algo ruim aconteceu. Atendo, e a voz do outro lado identifica-se; não reconheço o nome. É alguém que não faz parte da congregação. Ele me conta que a mãe está no hospital e será submetida a uma operação complexa na manhã seguinte, e pergunta: "Poderia, por favor, fazer uma oração pela recuperação dela?" Tento obter mais informações, mas o homem está nitidamente preocupado e confuso. Contento-me em escrever o nome hebraico da mãe dele, asseguro-lhe que a oração será feita e desejo felicidades a ambos. Desligo e me sinto incomodado, como costumo me sentir depois de uma conversa dessas.

Orar pela saúde de uma pessoa, por um resultado favorável em uma operação, tem implicações dignas de perturbar uma pessoa ponderada. Se a oração funcionasse da maneira que muitos pensam, ninguém jamais morreria, porque nenhuma oração é feita com mais sinceridade do que aquela pela vida, pela saúde e pelo desejo de cura, seja ela feita para nós mesmos, seja para alguém que amamos.

Cremos em Deus, mas não O consideramos responsável pelas tragédias da vida; acreditamos que Ele quer justiça e equidade, mas nem sempre pode providenciá-las, então, o que estamos fazendo quando oramos a Deus pelo desfecho favorável de uma crise em nossa vida?

Assim como o homem que me ligou, será que eu realmente acredito num Deus que tem o poder de curar doenças malignas e influenciar o resultado de cirurgias, e que só o fará se a pessoa ideal recitar os termos corretos na língua certa? Esse Deus deixará uma pessoa morrer porque um estranho, orando em nome dela, errou algumas dessas palavras? Quem entre nós poderia respeitar ou adorar um Deus cuja mensagem implícita é "Eu poderia ter curado sua mãe, mas você não implorou e se humilhou o bastante"?

E se não conseguirmos o que pedimos, como não sentir raiva de Deus ou pensar que fomos julgados e considerados insuficientes? Como não se decepcionar com Deus justamente quando mais precisávamos Dele? E como podemos evitar a alternativa igualmente indesejável de sentir a desaprovação de Deus?

Imagine a mente e o coração de uma criança com alguma deficiência física que cresceu ouvindo histórias de fé com finais felizes, casos de pessoas que oraram e foram milagrosamente curadas. Ela ora com toda a sinceridade e inocência, pedindo a Deus que a faça igual às outras crianças. Pense agora na dor, na raiva que ela sente — de Deus e daqueles que contaram a ela essas histórias; de si mesma, quando percebe que sua deficiência é permanente. Quer melhor maneira de ensinar as crianças a odiar Deus do que mostrar a elas que Ele poderia tê-las curado, mas "para o seu bem" escolheu não fazê-lo?

Existem várias maneiras de responder a uma pergunta recorrente, e a maioria das respostas é problemática, porque provoca sentimento de culpa, raiva ou desesperança: "Por que não recebi o que pedi?"

— Porque não merecia.

— Porque não orou o suficiente.

— Porque Deus sabe mais do que ninguém o que é melhor para você.

— Porque a oração de outra pessoa pelo resultado oposto foi mais digna.

— Porque orações são uma farsa; Deus não as ouve.

— Porque Deus não existe.

Se nenhuma dessas respostas nos satisfaz e não queremos desistir de orar, há outra possibilidade. Podemos mudar nossa compreensão do que significa orar e ter nossas preces atendidas.

Citei anteriormente alguns trechos do Talmude, a compilação de discussões rabínicas sobre a Lei Judaica; ele dá exemplos de orações ruins ou impróprias que não se devem pronunciar. Se uma mulher está grávida, nem ela nem o marido devem pedir "Que Deus permita que esta criança seja um menino" (ou uma menina). O sexo da criança é determinado na concepção, e Deus não pode ser invocado para mudá-lo. Se um homem vê um carro de bombeiros dirigindo-se ao bairro em que mora, não deve pedir que "Por favor, Deus, que o fogo não atinja a minha casa". Orar para que a casa de outra pessoa queime em vez da sua não só é mesquinho, como também é inútil. Uma casa já está em chamas; a mais sincera ou articulada das orações não afetará qual delas está sendo alvo do incêndio.

Podemos estender a lógica a situações contemporâneas. Seria igualmente impróprio para um aluno do último ano do ensino médio, segurando a carta enviada por uma prestigiada faculdade, pedir que "Por favor, Deus, que eu tenha sido aceito", ou para uma pessoa esperando o resultado de uma biópsia orar que "Por favor, Deus, que tudo esteja bem comigo". Tal como acontece com os casos talmúdicos da mulher grávida e da casa em chamas, certas condições são preexistentes. Não há como pedir a Deus que reescreva o passado.

Também não é possível, como já dissemos, orar a Deus para que mude as leis da natureza em nosso benefício, que torne condições de saúde terminais menos fatais ou que mude o curso implacável de uma doença. Às vezes, milagres acontecem. As malignidades desaparecem misteriosamente, pacientes à beira da morte se recuperam e médicos, perplexos, creditam isso a um ato divino. Tudo o que podemos fazer nesses casos é ecoar a desnorteada gratidão do médico. Não sabemos por que algumas pessoas são curadas espontaneamente de doenças terminais ou incapacitantes. Desconhecemos as razões de algumas pessoas morrerem em acidentes de carro ou de avião, enquanto os companheiros de viagem sobrevivem com escoriações leves, hematomas e uma lembrança assustadora indelével. Não posso acreditar que Deus escolha as orações que quer ouvir. Não há explicação lógica ou motivo para Ele fazer isso. Nenhuma pesquisa sobre a vida dos que morreram e dos que sobreviveram nos ajudaria a aprender como viver ou orar e, assim, conquistar o favor de Deus.

Quando milagres acontecem e pessoas superam as expectativas a respeito de sua sobrevivência, seria aconselhável apenas inclinar a cabeça em agradecimento, e não pensar que o ocorrido se deveu ao poder das orações, contribuições ou abstenções. Porque, da próxima vez que tentarmos o mesmo, podemos não entender o porquê de nossas orações não estarem funcionando.

Outra categoria de oração inadequada seria a daquelas destinadas a pedir o mal para alguém. A religião se destina a engrandecer nossa alma; a oração, por conseguinte, não deve ser posta a serviço da mesquinhez, da inveja ou da vingança. Conta-se a história de dois comerciantes que eram concorrentes implacáveis. A loja de ambos ficava uma de frente para a outra, e eles passavam o dia inteiro sentados à porta dos respectivos negócios, vigiando um ao outro. Sempre que algum deles conseguia um cliente, sorria triunfante para o rival. Certa noite, um anjo apareceu em sonho para um dos comerciantes e disse: "Deus me enviou para ensinar a você uma lição. Ele concederá qualquer coisa que pedir, mas saiba que, seja o que for que você receber, seu concorrente receberá em dobro. Riqueza? Você terá muito dinheiro, mas ele será duas vezes mais rico. Uma vida longa e saudável? A dele será duas vezes mais. Você pode pedir fama e filhos e filhas dos quais se orgulhará — o que quiser. No entanto, o que quer que deseje, seu rival terá em dobro." O homem franziu a testa, pensou por um momento e pediu: "Pois então deixe-me cego de um olho."

Finalmente, não podemos orar a Deus para que Ele faça algo que esteja ao nosso alcance, somente para nos poupar o trabalho. Um teólogo contemporâneo escreveu que:

Não podemos simplesmente pedir-Te, ó Deus,
que acabes com a guerra;

Pois sabemos que criaste o mundo de tal maneira
Que o homem encontre o próprio
caminho para a paz
Dentro de si e com seu vizinho.
Não podemos simplesmente pedir-Te, ó Deus,
que acabes com a fome;
Porque Tu já nos deste os recursos
com os quais podemos alimentar o mundo inteiro,
se ao menos os usássemos com sabedoria.
Não podemos simplesmente pedir-Te, ó Deus,
Que erradiques o preconceito,
Pois já nos deste olhos
Com os quais enxergar a bondade em todos os homens
Se ao menos os usássemos corretamente.
Não podemos simplesmente pedir-Te, ó Deus,
que acabes com o desespero,
Pois já nos deste o poder
para erradicar a pobreza e dar esperança,
Se ao menos usássemos o nosso poder
de maneira justa.
Não podemos simplesmente pedir-Te, ó Deus,
que acabes com a doença,
Pois já nos deste mentes brilhantes com as quais
podemos buscar remédios e curas,
Se ao menos as usássemos de forma construtiva.
Por isso, agora oramos a Ti, ó Deus,

Por força, determinação e vontade,
Para fazer, em vez de apenas rogar,
e sermos, em vez de apenas desejar.

(Jack Riemer, *Likrat Shabat*)

Pelo que nos resta orar, se não podemos pedir o impossível, ou o antinatural, o que desejamos motivados por um sentimento de vingança ou irresponsabilidade, ou que Deus trabalhe em nosso lugar? O que a oração pode fazer por nós, para nos ajudar quando estamos magoados?

A princípio, a oração nos aproxima de outras pessoas — aquelas que partilham conosco as mesmas preocupações e dores, os mesmos valores e sonhos. Entre o fim do século XIX e o início do século XX, um dos precursores da sociologia, o francês Émile Durkheim, estava interessado no papel que a sociedade desempenhava na formação das perspectivas religiosa e ética das pessoas. Neto de um rabino ortodoxo, Durkheim passou anos nas ilhas dos mares do Sul estudando a religião dos nativos originais, a fim de descobrir como ela era antes de ser formalizada em livros de orações e profissionalização do clero. Em 1912, ele publicou o importante livro *As formas elementares da vida religiosa*, no qual sugeriu que o objetivo primordial da religião em seu estágio inicial não era colocar as pessoas em contato com Deus, mas aproximá-las umas das outras.

Os rituais religiosos ensinavam as pessoas a partilhar com os vizinhos experiências de nascimento e de luto, da morte do pai e da mãe, assim como do casamento do filho e da filha. Havia rituais de plantação e colheita, para o solstício de inverno e para o equinócio de primavera. Dessa forma, os membros da comunidade estavam juntos nos momentos mais alegres e assustadores. Ninguém teria que vivenciá-los sozinho.

Creio que isso permanece sendo o que a religião faz de melhor. Mesmo as pessoas que não são afeitas a rituais sociais, optam por se casar na presença de amigos e vizinhos, repetindo antigas frases e usando roupas tradicionais, embora a união fosse igualmente válida se tivesse lugar na privacidade de um cartório civil. Precisamos compartilhar nossas alegrias com outras pessoas e, mais ainda, nossos medos e nossas dores. Como o velório cristão ou a missa do sétimo dia, o costume judaico do *shivá* — a semana depois do funeral de um parente próximo — surgiu dessa necessidade. Quando nos sentimos tão terrivelmente sozinhos, escolhidos a dedo pela mão do destino e tentados a rastejar até um canto escuro e sentir pena de nós mesmos, precisamos ser lembrados de que fazemos parte de uma comunidade, de que há pessoas ao nosso redor que se preocupam conosco e de que ainda estamos vivos.

Nesse momento, a religião nos dá o sustento de que precisamos, obrigando-nos a estar com as pessoas e deixá-las entrar em nossa vida.

Muitas vezes, quando me encontro com uma família no intervalo de tempo entre a morte de um ente querido e o funeral, ouço a pergunta: "Precisamos realmente do *shivá* e de ter todas aquelas pessoas se amontoando em nossa sala de estar? Não podemos simplesmente pedir que nos deixem em paz?" Minha resposta é: "Deixar as pessoas entrarem na sua casa, na sua dor, é exatamente o que vocês precisam agora: compartilhar com elas, conversar, deixar que elas os confortem. Vocês precisam ser lembrados de que ainda estão vivos e fazem parte de um mundo cheio de vida."

Há um costume maravilhoso no período de luto judaico chamado *se'udat havra'ah*, a "refeição do consolo". Ao retornar do cemitério, aquele que perdeu o ente querido não deve servir comida a ninguém, nem mesmo para si. Outras pessoas têm que alimentá-lo, simbolizando a forma como a comunidade se reúne em torno dele na tentativa de apoiá-lo e de preencher o vazio em seu mundo.

E quando aquele que perdeu alguém comparece ao culto para recitar o Kaddish dos Enlutados, a oração feita durante o ano que se segue à morte, acaba sentindo o impacto de uma congregação solidária ao seu redor. Ele vê e ouve outros enlutados, como ele, e se sente menos a vítima escolhida a sofrer um destino adverso. Ele é confortado pela presença de outros em condição igual à dele, aceito e consolado pela comunidade, em vez de ser evitado como uma vítima que Deus achou conveniente punir.

No incidente com o qual dei início a este capítulo, um estranho me ligou para eu pedir que eu rezasse pela mãe que ia ser operada. Por que prometi fazer o que ele me pedia, já que não acreditava que minhas orações (ou as dele, aliás) fossem capazes de fazer Deus mudar o resultado da cirurgia? Ao concordar, disse a ele: "Vejo que está preocupado com sua mãe. Entendo por quê; você teme o que possa vir a acontecer. Quero que saiba que eu e seus vizinhos nesta comunidade partilhamos essa preocupação. Estamos com você, mesmo que não o conheçamos, porque podemos nos imaginar na sua situação, querendo e precisando de todo o apoio possível. Esperamos e oramos junto com você para que tudo dê certo, para que você não precise sentir que está enfrentando essa situação assustadora sozinho. Se ajuda você e sua mãe saber que também estamos preocupados e torcendo pela recuperação dela, garanto que esse é o caso." E acredito firmemente que sentir que as pessoas se importam pode afetar o curso da saúde de qualquer um.

Orar corretamente resgata as pessoas do isolamento. Assegura a elas que não precisam se sentir sozinhas e abandonadas. As permite saber que fazem parte de uma realidade mais grandiosa, profunda, esperançosa, corajosa e de mais futuro do que qualquer indivíduo poderia construir para si mesmo. Vai-se a um culto religioso, recitam-se as preces tradicionais, não para encontrar Deus (existem muitos outros lugares onde Ele pode ser achado), e sim uma congregação, pessoas com quem se pode partilhar aquilo de mais significativo para cada um. Desta perspectiva, o simples fato de ser capaz de orar ajuda, quer sua prece mude o mundo ao redor, quer não.

O maravilhoso contador de histórias Harry Golden aborda esse assunto em uma delas. Quando era jovem, certa vez perguntou ao pai: "Se você não acredita em Deus, por que vai tanto à sinagoga?" O pai respondeu: "Os judeus vão à sinagoga por vários motivos. Meu amigo Garfinkle, que é ortodoxo, vai para falar com Deus. Eu vou para falar com Garfinkle."

No entanto, essa é apenas metade da resposta à nossa pergunta "De que adianta rezar?" — talvez a menos importante. Além de nos aproximar de outras pessoas, a oração nos coloca em contato com Deus. Não sei se da maneira que muitas pessoas pensam — que nos aproximamos de Deus como um suplicante, uma pessoa em condição de rua que pede esmola ou o cliente que apresenta a Ele uma lista de compras e pede um orçamento. A oração não é, prioritariamente, uma questão de rogar a Deus que mude as coisas. Se pudermos compreender o que a oração pode e deve ser, e nos livrarmos de expectativas irrealistas, seremos capazes de recorrer à prece e a Deus quando mais precisarmos.

Permitam-me comparar duas orações encontradas na Bíblia, ambas proferidas pela mesma pessoa, quase nas mesmas circunstâncias, com vinte anos de diferença. Ambas são encontradas no Livro do Gênesis, no ciclo de histórias sobre a vida dos patriarcas.

No Capítulo 28, encontramos Jacó, um jovem que está passando a primeira noite fora de casa. Ele briga com o pai e o irmão e deixa a dos pais, pondo-se a viajar a pé para a terra de Harã a fim de viver com seu tio Labão. Assustado e inexperiente, sentindo vergonha do que fizera em casa e sem saber o que o aguarda na casa de Labão, ele reza: "Se Deus estiver comigo nesta empreitada, protegendo-me, dando-me o que comer e vestir; e se eu voltar são e salvo à casa de meu pai, então o Senhor será meu único Deus. Dedicarei um altar a Ele e separarei um décimo de tudo que ganho para Ele." A oração de Jacó aqui é a prece de um jovem assustado que está se preparando para fazer algo difícil e, não tendo certeza de que pode fazê-lo, pensa que pode "subornar" Deus para que as coisas deem certo. O jovem está preparado para fazer valer o tempo de Deus gasto em cuidar dele e fazê-lo prosperar, e, aparentemente, acredita em um Deus que troca favores e proteção por orações, caridade e adoração exclusiva. A atitude dele, muito parecida com a de tantas pessoas que hoje enfrentam doenças ou infortúnios, é assim expressa: "Por favor, Deus, faça com que tudo dê certo e eu seguirei suas ordens. Vou parar de mentir, irei aos cultos regularmente — você escolhe o que eu devo fazer, bastando que me concedas o que desejo." Quando não estamos pessoalmente envolvidos, podemos reconhecer a imaturidade dessa atitude e a descrição infantil de Deus. Não é imoral pensar assim, mas é impreciso. Não é assim que o mundo funciona. As bênçãos de Deus não estão à venda.

Por fim, Jacó aprende essa lição. Conforme o relato bíblico de sua vida segue, testemunhamos que Jacó passou vinte anos na casa de Labão. Ele se casou com as duas filhas do tio e teve muitos filhos. Trabalhou duro e acumulou uma pequena fortuna. Então um dia ele reúne as esposas, os filhos, seus bois e ovelhas e volta para casa. Jacó chega à mesma margem de rio do capítulo 28, onde tinha parado para orar. Novamente, está ansioso e com medo. Como há vinte anos, ele está viajando para um novo país, uma situação desconhecida. Sabe que no dia seguinte terá que enfrentar o irmão Esaú, que o ameaçara de morte duas décadas atrás. Mais uma vez, Jacó ora. Dessa vez, vinte anos mais velho e mais sábio, ele oferece uma prece muito diferente daquela que dirigiu aos céus quando era mais jovem. No Capítulo 32 do Gênesis, Jacó reza: "Ó Deus de meu pai Abraão, Deus de meu pai Isaque, ó Senhor que me disseste 'Volte para a sua terra e para os seus parentes e eu o farei prosperar', não sou digno de toda a bondade e lealdade com que trataste o teu servo. Quando atravessei o Jordão eu tinha apenas o meu cajado, mas agora possuo duas caravanas. Livra-me, rogo-Te, das mãos de meu irmão Esaú, porque tenho medo de que ele venha nos atacar, tanto a mim como às mães e às crianças. Pois tu prometeste: 'Esteja certo de que eu o farei prosperar e farei os seus descendentes tão numerosos como a areia do mar, que não se pode contar.'"

Em outras palavras, a oração de Jacó não tenta mais fazer um acordo com Deus, nem apresenta a Ele uma longa lista de demandas — comida, roupas, prosperidade, um retorno seguro. Ele reconhece que não há moeda na qual Deus possa ser pago para nos abençoar e nos ajudar. A oração madura de Jacó diz simplesmente: "Deus, não tenho direitos sobre Ti e nada para Te oferecer. O Senhor já me deu mais do que eu tinha o direito de esperar. Há apenas uma razão para me dirigir a vós agora — porque preciso de Vós. Estou assustado; preciso enfrentar algo difícil amanhã e não tenho certeza de que posso fazê-lo sozinho, sem Vós. Deus, uma vez me deste razão para acreditar que eu era capaz de fazer algo da minha vida. Se quiseste dizer isso, ajuda-me agora, porque não consigo lidar com isto sozinho."

Jacó não pede a Deus que faça Esaú ir embora, para despojá-lo fisicamente de suas forças ou magicamente apagar-lhe a memória; pede a Deus apenas que o deixe menos assustado, dando-lhe a certeza de que está a seu lado, para que seja capaz de lidar com o que quer que o dia seguinte reserve, sabendo que não terá que enfrentá-lo sozinho.

Esse é o tipo de oração a que Deus responde. Não podemos orar para que Ele torne nossa vida livre de problemas, uma vez que isso não vai acontecer, e provavelmente seja melhor assim. Deus não pode tornar-nos e aqueles a quem amamos imunes a doenças, por mais que roguemos a Ele. Não podemos pedir que, como num passe de mágica, coisas ruins só aconteçam a outras pessoas, nunca a nós. Geralmente, milagres não são designados às pessoas que oram por eles, assim como crianças e adolescentes que rezam por bicicletas, boas notas ou namorados não conseguem nada disso por meio da oração. Contudo, aqueles que pedem por coragem, por força para suportar o insuportável, pela graça de lembrar o que lhes resta em vez de lamentar o que perderam — são muitas vezes os que têm as orações respondidas. Essas pessoas descobrem que guardam em si mais força, mais coragem do que jamais imaginaram ter. Onde as conseguiram? Gosto da ideia de que as orações as ajudaram a encontrar esse poder. As preces as ajudaram a explorar reservas ocultas de fé e coragem que não estavam disponíveis antes. Uma viúva me pergunta no dia do funeral do marido: "De que me resta viver agora?" e, no decorrer das semanas seguintes, encontra motivos para acordar de manhã e ansiar pelo dia. Um homem perde o emprego ou fecha sua loja e confessa: "Rabi, estou muito velho e cansado para começar tudo de novo", mas mesmo assim abre um novo negócio ou procura outro emprego. Onde eles conseguiram a força, a esperança, o otimismo que não tinham quando falaram comigo? Gostaria de acreditar que os receberam de uma comunidade preocupada, de pessoas que deixaram evidente que se importavam, e do conhecimento de que Deus está ao lado dos aflitos e abatidos.

Se pensarmos na vida como uma espécie de Jogos Olímpicos, algumas das crises são como os 100m rasos do atletismo. São provas que exigem concentração emocional máxima por um curto período de tempo. Então acabam e a vida volta ao normal. Outras crises, porém, são provas de longa duração. Elas demandam concentração por um período de tempo muito mais longo, o que pode ser muito mais difícil.

Em minhas visitas ao hospital encontrei pessoas terrivelmente queimadas ou com a coluna vertebral fraturada depois de um acidente. Nos primeiros dias, exalam gratidão por estarem vivas e cheias de confiança. "Sou um guerreiro; vou vencer isso." Naqueles primeiros dias, amigos e familiares agrupam-se à sua volta, solidários e solícitos, preocupados com seu bem-estar e cheios de simpatia. Com o tempo, à medida que os dias se transformam em semanas e depois em meses, o ritmo da crise prolongada afeta tanto o paciente quanto a família. O acidentado começa a se irritar com o tédio da rotina e a perceptível falta de progresso de seu estado. Sente raiva de si mesmo por não se curar mais rapidamente, ou dos médicos por não serem capazes de produzir resultados instantâneos. A mulher que se mostrara tão solícita quando o marido foi diagnosticado com câncer de pulmão torna-se irritada e impaciente. "Lógico que sinto muito por ele, mas também sou uma pessoa com necessidades. Durante anos ele trabalhou demais, não cuidou da saúde, e agora que isso o atingiu, ele espera que eu abra mão da minha vida e me torne sua babá." É lógico que ela ama o marido, e obviamente se sente péssima por ele estar tão doente. Entretanto, ela é uma esposa que pode estar se cansando de uma provação sem fim à vista. Talvez tenha medo de ficar viúva, preocupada com seu futuro financeiro, com raiva dele por ficar doente (especialmente se de fato fumava ou negligenciava a própria saúde), exaurida por noites insones de preocupação. Ela sente medo e fadiga, mas isso se manifesta como impaciência e raiva.

Da mesma forma, os pais de uma criança com alguma deficiência mental enfrentam uma situação de longo prazo sem perspectiva de um final feliz. Os primeiros anos de empatia e resignação, deliciando-se com cada passo vacilante e cada palavra distorcida, podem dar lugar a um período de frustração e raiva, à medida que a criança se torna cada vez mais atrasada em relação aos amigos da mesma idade e esquece até mesmo aquilo que foi tão meticulosamente ensinado pelo pai e pela mãe. Então, é quase certo que eles se culparão por perder a paciência com uma criança cujas especificidades, no fim das contas, não são culpa dela.

De onde esses pais tiram a força de que precisam para continuar, dia após dia? Aliás, como o homem que vive com um câncer inoperável, ou a mulher que sofre de doença de

Parkinson, encontra força e propósito para se levantar e enfrentar cada novo dia, quando não há perspectiva de melhora em suas condições?

Creio que Deus é também a resposta para essas pessoas, mas não da mesma forma. Não acredito que Ele cause qualquer deficiência intelectual em crianças, ou escolha quem deve sofrer de distrofia muscular. O Deus em quem acredito não nos envia o problema; Ele nos dá força para enfrentá-lo.

De onde você tira mais força para seguir em frente, quando já esgotou toda a que tinha? De onde busca paciência quando ela acaba, quando tem se resignado por mais anos além do suportável, e o fim não está à vista? Creio que Deus nos dá força, paciência e esperança, renovando nossos recursos espirituais quando eles se esgotam. De que outra forma as pessoas enfermas conseguem encontrar mais força e mais bom humor, ao longo de uma doença prolongada, do que qualquer pessoa poderia ter, não fosse Deus constantemente reabastecendo a alma delas? De que outra forma aqueles que perderam o parceiro de uma vida reúnem forças para juntar os cacos e saem para enfrentar o mundo sem ninguém ao lado, se no dia do funeral do ente querido não tiveram essa coragem? De que outra forma o pai e a mãe de um jovem com dano cerebral acordam todas as manhãs e assumem suas responsabilidades, a menos que sejam capazes de se apoiar em Deus quando vacilam?

Não temos que implorar a Deus ou suborná-Lo para que Ele nos dê força, esperança ou paciência. Precisamos apenas procurá-Lo, admitir que não há como fazermos tudo sozinhos e entender que suportar corajosamente uma longa doença é uma das coisas mais humanas e piedosas que podemos fazer. Entre tantas evidências, o que me assegura constantemente que Deus existe e não é apenas uma ideia saída da imaginação de líderes religiosos é o fato de as pessoas que oram por força, esperança e coragem encontrarem tantas vezes fontes de força, esperança e coragem que não tinham antes de começar a rezar.

Também acredito que as crianças enfermas devem orar, pedir por força para suportar o fardo e para que a doença e o tratamento não façam tanto mal a elas. Orar como forma de falar de seus receios, sem o constrangimento de ter que dizê-los em voz alta, e como garantia de que não estão sozinhas. Deus está perto delas, mesmo tarde da noite, no hospital, quando os pais voltaram para casa e os médicos foram embora. Deus ainda está com elas, mesmo quando estão tão doentes que nem os amigos as visitam mais. O medo da dor e do abandono talvez sejam os aspectos mais preocupantes da doença de uma criança, e a oração deve ser usada para aliviá-la de temores. As crianças enfermas podem até rezar por um milagre que as cure, desde que não sintam que Deus as julga para decidir se merecem ou não um milagre. Elas deveriam orar porque a alternativa seria desistir de toda a esperança e aguardar que o fim chegue.

"Se Deus não pode fazer com que minha doença desapareça, de que serve Ele? Quem precisa Dele?" Deus não quer que você fique doente ou inválido. Ele não fez você ter esse problema nem quer que ele permaneça, mas não pode fazer com que desapareça. Isso é algo demasiadamente difícil até para Deus. Então, de que serve Ele? Deus faz com que as pessoas se tornem médicas e enfermeiras para ajudarem você a melhorar. Ele nos ajuda a ser corajosos mesmo quando estamos doentes e assustados, e nos assegura de que não teremos que enfrentar nossos medos e nossas dores sozinhos.

A explicação convencional, a de que Deus nos envia o fardo porque sabe que somos fortes o suficiente para suportá-lo, está totalmente errada. O destino, não Deus, nos envia o problema. Quando tentamos lidar com isso, descobrimos que não temos forças. Somos fracos, nos cansamos, ficamos com raiva e nos sentimos oprimidos. Começamos a nos perguntar como conseguiremos viver nos anos por vir. Contudo, quando chegamos ao limite de nossa força e coragem, algo inesperado acontece. Encontramos reforço de uma fonte fora de nós mesmos. E, sabendo que não estamos sozinhos, que Deus está ao nosso lado, conseguimos seguir em frente.

Foi assim que respondi à jovem viúva que questionou a eficácia da oração. O marido tinha morrido de câncer; enquanto a doença dele avançava para um estado terminal, ela orou pela recuperação. O pai e a mãe, os sogros e vizinhos rezaram. Uma vizinha protestante invocou o círculo de oração de sua igreja e outra, católica, procurou a intercessão de são Judas Tadeu, o santo padroeiro das causas impossíveis. Um conjunto formidável de orações de diversos tipos, em diversos idiomas e expressando um conjunto diverso de crenças foi proferido em nome do marido, e nem sequer uma delas funcionou. Ele morreu conforme previsto, deixando a esposa e os filhos pequenos desprovidos de marido e pai. Depois de tudo isso, ela me perguntou: "Como se pode esperar que alguém leve a oração a sério?"

A respondi primeiro com outra pergunta: "É realmente verdade que suas orações não foram atendidas? Seu marido morreu; não havia cura milagrosa para a doença. No entanto, o que aconteceu? Seus amigos e parentes oraram; judeus, católicos e protestantes rezaram em nome dele. Em um momento no qual se sentiu na mais desesperadora solidão, você descobriu que não estava de maneira alguma sozinha. Pôde ver quantas pessoas à sua volta sofreram por e com você — e isso não é pouca coisa. Elas estavam tentando dizer que aquilo não estava acontecendo porque você é uma pessoa má; era apenas uma circunstância muito ruim e injusta que ninguém poderia evitar. Tentavam entender que a vida de seu marido significava muito para elas também, e não só para você e seus filhos — e que, independentemente do que acontecesse, você não estaria totalmente sozinha. Era isso o que suas orações diziam, e suspeito que elas tenham feito diferença."

Continuei a argumentar com ela: "E o que dizer das *suas* orações? Ficaram sem resposta? Você enfrentou uma situação que poderia facilmente ter vergado seu espírito e tê-la transformado em uma mulher amarga, retraída, com inveja das famílias intactas ao seu redor, incapaz de reagir à expectativa de estar viva. De alguma forma, isso não aconteceu. Você encontrou força para não se deixar abater e a resiliência para continuar em frente e se preocupar com a vida. Como Jacó na Bíblia, como cada um de nós em algum momento, você enfrentou uma situação assustadora, pediu por ajuda e descobriu que era muito mais forte e muito mais capaz de lidar com aquele momento do que jamais imaginaria ser. Em seu desespero, abriu seu coração em oração, e o que aconteceu? Você não conseguiu o milagre que evitaria a tragédia, e sim pessoas ao seu redor, Deus a seu lado e força dentro de si para ajudá-la a sobreviver à perda. Proponho que isso seja o exemplo de uma oração sendo respondida."

OITO

De que serve, então, a religião?

De certa forma, comecei a escrever este livro há 15 anos. Desde o dia em que ouvi a palavra "progéria" e o que significava, soube que um dia teria que enfrentar o declínio e a morte de Aaron. Tinha consciência de que, depois que ele morresse, sentiria a necessidade de escrever um livro, compartilhando com outras pessoas a história de como conseguimos continuar acreditando em Deus e no mundo depois daquilo que passamos. Eu não tinha um título para o livro nem certeza do que diria. Entretanto, sabia que Aaron estaria na página seguinte à folha de rosto: pude visualizar a dedicatória a ele. Veio à minha mente a passagem da Bíblia com as palavras do rei Davi depois da morte do filho: "Ah, meu filho Absalão! Quem me dera ter morrido em seu lugar!"

Então, um ano e meio depois da morte de Aaron, percebi que visualizava aquela página de maneira diferente em minha imaginação. Em vez da passagem acima, surgiam em minha mente as palavras de Davi depois da morte do filho que tivera com a mulher de Urias — o trecho que usei em parte como epígrafe deste livro:

> "Davi, percebendo que seus conselheiros cochichavam entre si, compreendeu que a criança estava morta e perguntou: 'A criança morreu?' 'Sim, morreu', responderam eles. Então Davi levantou-se do chão, lavou-se, perfumou-se e trocou de roupa. Depois entrou no santuário do Senhor e O adorou. E voltando ao palácio, pediu que lhe preparassem uma refeição e comeu. Seus conselheiros lhe perguntaram: 'Por que ages assim? Enquanto a criança estava viva, jejuaste e choraste; mas agora, que a criança está morta, te levantas e comes!' Ele respondeu: 'Enquanto a criança estava viva, jejuei e chorei. Eu pensava: *Quem sabe? Talvez o Senhor tenha misericórdia de mim e deixe a criança viver.* Contudo, agora que ela morreu, por que deveria jejuar? Poderia eu trazê-la de volta à vida? Eu irei até ela, mas ela não voltará para mim.'"
>
> (2 Samuel 12.19-23)

Soube, então, que havia chegado a hora de escrever meu livro. Eu tinha ido além da autopiedade a ponto de enfrentar e aceitar a morte de meu filho. Um relato sobre quanto eu sofri não faria bem a ninguém. Este precisava ser um livro que afirmasse a vida. Tinha que dizer que ninguém jamais nos assegurou uma existência livre de dor e sofrimento. O máximo que nos prometeram foi que não estaríamos sozinhos na adversidade e seríamos capazes de recorrer a uma fonte além de nós para obter a força e a coragem de que precisaríamos para sobreviver às tragédias e injustiças da vida.

Sou uma pessoa mais sensível, um pastor mais competente, um conselheiro mais compreensivo como jamais seria se não tivesse sido tocado pela vida e pela morte de Aaron. E desistiria de tudo isso num segundo se pudesse ter meu filho de volta. Se me fosse permitido escolher, abriria mão de todo crescimento e profundidade espirituais que brotaram em meu caminho por causa de nossas experiências. Voltaria a ser o que era há 15 anos: um rabino mediano, um conselheiro indiferente, ajudando algumas pessoas e incapaz de ajudar outras — mas pai de um menino brilhante e feliz. No entanto, não posso escolher.

Eu creio em Deus. Porém, não nas mesmas coisas sobre Ele que acreditava anos atrás, quando era criança ou estudante de teologia. Reconheço Suas limitações. Ele é limitado no que pode fazer pelas leis do Universo e pela evolução da natureza e da liberdade e da moral humanas. Não considero mais Deus responsável por doenças, acidentes e desastres naturais, porque percebo que ganho pouco e perco muito quando O culpo por essas coisas. Posso adorar mais facilmente um Deus que odeia o sofrimento, mas não pode eliminá-lo, do que um Deus que escolhe fazer as crianças sofrerem e morrerem por qualquer motivo descabido. Alguns anos atrás, quando a teologia da "morte de Deus" era uma moda passageira, lembro-me de ter visto um adesivo que dizia: "Meu Deus não está morto; sinto muito pelo seu." Acho que meu adesivo diria: "Meu Deus não é cruel; sinto muito pelo seu."

Deus não é responsável por nossos infortúnios. Alguns são causados por má sorte; outros, por pessoas más ou simplesmente por uma consequência inevitável de sermos humanos e mortais, vivendo em um mundo de leis naturais inflexíveis. As coisas dolorosas que acontecem conosco não são punições por nosso mau comportamento, nem fazem parte de algum grande desígnio da parte de Deus. Porque a tragédia não é a vontade de Deus, não precisamos nos sentir feridos ou traídos por Ele quando a tragédia nos atinge. Podemos recorrer a Ele em busca de ajuda para superá-la, precisamente porque podemos dizer a nós mesmos que Deus está tão indignado quanto nós.

"Isso significa que meu sofrimento não tem sentido?" Essa é a provocação mais significativa que poderia ser feita ao ponto de vista que venho defendendo neste livro. Poderíamos suportar quase qualquer dor ou desapontamento se pensássemos que havia uma razão, um propósito por trás disso. Todavia, mesmo um fardo menor se torna demais para nós se sentirmos que não faz sentido. Soldados gravemente feridos em combate têm mais facilidade em se ajustar às deficiências advindas do que pessoas com exatamente os mesmos ferimentos, porém adquiridos enquanto estavam se divertindo em uma quadra de basquete ou em uma piscina — veteranos podem dizer a si mesmos que o sofrimento deles, pelo menos, foi por uma boa causa. Os pais e as mães que conseguem se convencer de que, em algum lugar, existe algum propósito para a deficiência de seus filhos e suas filhas podem aceitá-la melhor pelo mesmo motivo.

Você se lembra da história bíblica, no Capítulo 32 do Êxodo, sobre quando Moisés desceu do Monte Sinai e, vendo os israelitas adorando o bezerro de ouro, jogou no chão as tábuas dos Dez Mandamentos para que se quebrassem? Existe uma lenda judaica que nos conta que enquanto Moisés descia a montanha com as duas tábuas de pedra nas quais Deus havia escrito Suas leis, ele não teve problemas para carregá-las, embora fossem grandes e pesadas e o caminho, íngreme. Afinal, haviam sido inscritas por Deus e eram preciosas para Ele. Entretanto, quando Moisés encontrou o povo dançando ao redor do bezerro de ouro, reza a lenda que as palavras desapareceram, e ele carregava apenas pedras em branco. E haviam se tornado muito pesadas para ele segurar.

Poderíamos suportar qualquer fardo se pensássemos haver um significado para o que estávamos fazendo. Será que tornei mais difícil para as pessoas aceitarem suas doenças, seus infortúnios, suas tragédias familiares, dizendo-lhes que não foram enviadas por Deus como parte de algum plano mestre divino?

Deixe-me sugerir que as coisas ruins que acontecem conosco não têm significado. Elas não acontecem por nenhuma boa razão que nos leve a aceitá-las de bom grado. Podemos, contudo, dar-lhes um significado — redimir essas tragédias da falta de sentido, impondo-lhes um. A pergunta que devemos fazer não é "Por que isso aconteceu comigo?" ou "O que eu fiz para merecer isso?". Essa é realmente uma questão retórica e sem sentido. Melhor seria perguntar: "Já que isso aconteceu comigo, o que posso fazer a respeito?"

Martin Gray, um sobrevivente do Gueto de Varsóvia e do Holocausto, escreve sobre sua vida em um livro chamado *Au nom de tous les miens* [Em nome de todos os meus]. Ele conta como reconstruiu a vida, tornou-se bem-sucedido, casou-se e constituiu família. A vida parecia boa depois dos horrores do campo de extermínio. Então, um dia, a esposa e os filhos vêm a morrer quando um incêndio florestal atingiu sua casa, no sul da França. Gray ficou perturbado, levado quase ao limite por essa tragédia adicional. As pessoas insistiram para que ele exigisse uma investigação para sobre as causas do incêndio, mas, em vez disso, ele optou por colocar seus recursos em um movimento para proteger a natureza de futuros incêndios. Gray explicou que um inquérito, uma investigação, se concentraria apenas no passado, em questões de dor, tristeza e culpa. Ele queria se concentrar no futuro. Um inquérito o colocaria contra outras pessoas — "Alguém foi negligente? De quem foi a culpa?" —, e isso, sair em busca de um vilão, acusar quem quer que fosse como responsável pela desgraça sofrida, apenas aumenta ainda mais o isolamento de uma pessoa solitária. A vida, concluiu ele, deve ser vivida em função de, e não contra algo.

Nós também precisamos superar as questões que se concentram no passado e na dor — "Por que isso aconteceu comigo?" — e fazer a pergunta que abre as portas para o futuro: "Agora que isso aconteceu, o que devo fazer?"

Dorothee Sölle, a teóloga alemã citada no Capítulo 5, pergunta de que lado pensávamos que Deus estava nos campos de extermínio — no dos carrascos ou das vítimas. Sölle, em seu livro *Leiden: Das Problem der Theodizee* [Sofrimento: O problema da teodiceia] sugere que "a pergunta mais importante que podemos fazer sobre o sofrimento é a quem ele serve. Nosso sofrimento serve a Deus ou ao diabo, à causa de nos tornarmos vivos ou de ficarmos moralmente paralisados?". Não "De onde vem a tragédia?", e sim "Para onde ela nos leva?" — essa é a questão na qual Sölle gostaria que nos concentrássemos. Nesse contexto, ela fala dos "mártires do diabo". O que ela quer dizer com essa expressão? Sabemos que muitas religiões honram a memória dos mártires de Deus, pessoas que morreram para testemunhar sua crença. Ao lembrar a fé que possuíam diante da morte, a nossa é fortalecida. Essas pessoas são os mártires de Deus.

No entanto, as forças do desespero e da descrença também têm seus mártires, pessoas cuja morte enfraquece a fé de outros em Deus e no mundo Dele. Se a morte de uma idosa em Auschwitz ou de uma criança na enfermaria de um hospital nos deixa com dúvidas sobre os propósitos de Deus e menos capazes de afirmar a bondade do mundo, então aquela mulher e aquela criança tornam-se "mártires do diabo", testemunhas *contra* Deus e o sentido de uma vida moral. Contudo (e este é o ponto mais importante de Sölle), não são as circunstâncias de como morreram que as tornam testemunhas a favor ou contra Deus. É *nossa reação* à morte delas.

Os acontecimentos da vida e da morte são neutros. Nós, por meio de nossas respostas, damos ao sofrimento um significado positivo ou negativo. Doenças, acidentes, tragédias matam pessoas — mas não necessariamente a vida ou a fé. Se o falecimento e o sofrimento de alguém que amamos nos tornam amargos, invejosos, opostos a qualquer religião e incapazes de sentir felicidade, a pessoa que morreu é transformada *por nós* em um dos "mártires do diabo". Se o sofrimento e a morte de alguém próximo nos levam a explorar os limites de nossa capacidade de força, amor e alegria, a descobrir fontes de consolo que desconhecíamos, então elegemos aquela pessoa como uma testemunha da afirmação da vida em vez da rejeição.

Isso significa, sugere Sölle, que ainda existe algo que podemos fazer por aqueles que amamos e perdemos. Não poderíamos mantê-los vivos ou mesmo diminuir-lhes significativamente a dor. Depois que eles se vão, é crucial permitir que sejam testemunhas de Deus e da vida, e não torná-los, por meio de nosso desespero e perda de fé, "mártires do diabo". Os mortos dependem de nós para sua redenção e imortalidade.

As palavras de Sölle explicitam como podemos agir positivamente diante da tragédia. Contudo, e o papel de Deus? Se Deus não é a causa das coisas ruins que acontecem às pessoas boas, e se tampouco pode evitá-las, de que serve Ele?

Em primeiro lugar, Deus criou um mundo no qual acontecem muito mais coisas boas que ruins. Consideramos os desastres da vida perturbadores não apenas porque provocam sofrimento, mas também porque são excepcionais. A maioria das pessoas acorda na maioria dos dias se sentindo bem. A maioria das doenças é curável. A maioria dos aviões decola e pousa em segurança. Na maior parte das vezes, quando mandamos nossos filhos e nossas filhas brincar, eles voltam para casa intactos. O acidente, o roubo, o tumor inoperável são exceções que abalam vidas, mas ainda assim são muito raras as que são afetadas. Pode ser difícil manter isso em mente ao ser ferido pela vida. Quando estamos muito perto de um objeto grande, ele é tudo o que conseguimos ver. Somente quando nos afastamos dele é que se torna viável perceber o que há ao redor. A tragédia nos atordoa, e então ela é tudo o que podemos ver e sentir. Somente com o tempo e a distância conseguimos inseri-la no contexto de toda uma vida e de todo um mundo. Na tradição judaica, a oração especial conhecida como Kaddish dos Enlutados não é sobre a morte, mas sobre a vida, louvando a Deus por ter criado um mundo essencialmente bom e habitável. Ao recitar essa oração, o enlutado é lembrado disso e tudo pelo qual vale a pena viver. Há uma diferença crucial entre negar a tragédia, insistindo que tudo é para o bem, e encará-la no contexto de toda uma vida, mantendo os olhos e a mente no que se recebeu e não apenas naquilo que foi perdido.

Como Deus faz diferença em nossa vida se Ele não mata nem cura? Deus nos inspira a ajudar as pessoas a quem a vida machucou, protegendo-as do perigo da solidão, do abandono e do julgamento. Deus incentiva aqueles que queiram se tornar médicos e enfermeiros a passar dias e noites de preocupação abnegada, dedicando-se com uma intensidade que nenhum dinheiro pode pagar ao esforço de sustentar a vida e aliviar a dor. Deus move as pessoas a se aventurar na área de pesquisa, a concentrar a inteligência e a energia na procura e descoberta das causas e no desenvolvimento de possíveis curas para algumas das mazelas da vida. Quando eu era menino na cidade de Nova York, o início do verão trazia o clima mais agradável do ano, mas era uma época de pavor para as famílias jovens por causa do medo de uma epidemia de poliomielite. Os seres humanos, porém, usaram a inteligência recebida de Deus para eliminar essa ameaça. Ao longo da história humana, pragas e epidemias destruíram cidades inteiras. As pessoas sentiam que precisavam ter seis ou oito filhos para que pelo menos alguns sobrevivessem até a idade adulta. A inteligência humana compreendeu melhor as leis naturais relativas ao saneamento, aos vírus e às bactérias, à imunização, aos antibióticos, e conseguiu eliminar muitos desses flagelos.

Deus não provoca nem evita tragédias, e sim oferece suporte inspirando as pessoas a ajudar umas às outras. Como disse certa vez um rabino hassídico do século XIX, "os seres humanos são a linguagem de Deus". Ele mostra Sua oposição ao câncer e aos problemas congênitos não tirando-os de circulação ou contaminando apenas pessoas más — Ele não pode fazer isso —, e sim convocando amigos e vizinhos para aliviar o fardo e preencher o vazio dos que sofrem. Eu e minha família fomos amparados na doença de Aaron por pessoas que fizeram questão de mostrar que se importavam e compreendiam: o homem que fez para Aaron uma raquete de tênis reduzida e adequada ao tamanho dele; a mulher que presenteou meu filho com uma herança de sua família, um pequeno violino feito a mão; o amigo que lhe deu uma bola autografada por jogadores do Red Sox; e as crianças que ignoravam a aparência e as especificidades físicas e jogavam beisebol com ele no quintal, sem dispensar a Aaron tratamento especial ou dar a ele nenhuma vantagem. Pessoas assim eram a "linguagem de Deus", Sua maneira de dizer à nossa família que não estávamos sozinhos nem seríamos rejeitados.

Da mesma forma, acredito firmemente que Aaron serviu aos propósitos de Deus, não por estar doente ou parecer diferente de uma criança da idade dele (não havia razão para que Deus desejasse isso), mas por enfrentar com tanta altivez a enfermidade e os problemas causados pela aparência. Sei que os amigos e colegas de escola ficaram impressionados com a coragem de Aaron e a forma com que ele viveu plenamente, apesar das singularidades. E sei que as pessoas que conheceram nossa família sentiram-se motivadas a lidar com os momentos difíceis da própria vida com mais esperança e coragem. Tomo isso como exemplos de Deus movendo pessoas aqui na Terra para se ajudarem.

E, finalmente, para a pessoa que pergunta "Para que serve Deus? Quem precisa de religião, se essas coisas acontecem tanto com pessoas boas quanto com pessoas más?", eu diria que Deus pode não impedir a calamidade, mas nos dá a força e a perseverança necessárias para superá-la. De onde mais obtemos essas qualidades que não tínhamos antes? O ataque cardíaco que acomete um empresário de 46 anos não vem de Deus, e sim a determinação de mudar de estilo de vida, fazendo-o parar de fumar, se preocupar menos com a expansão dos negócios e mais em dedicar tempo à família, porque os olhos dele foram abertos para o que realmente importa — essas coisas vêm Dele. Deus não tolera ataques cardíacos, eles são respostas da natureza ao excesso de estresse imposto ao corpo. Entretanto, Deus defende a autodisciplina e a importância de fazermos parte de uma família.

A enchente que assola uma cidade não é um "ato de Deus", mesmo que as seguradoras julguem por bem chamá-lo assim. Contudo, se qualificam como atos de Deus os esforços que as pessoas fazem para salvar a vida de outros, arriscando a própria segurança por alguém que muitas vezes é um completo estranho, e a determinação de reconstruir a comunidade depois que as águas baixam.

Quando uma pessoa está morrendo de câncer, não considero Deus responsável pelo tumor ou pela dor que ela sente. Isso tem outras causas. No entanto, tenho visto Deus dar a essas pessoas a força para enfrentar um dia após outro, para agradecer por uma manhã de sol em que estão relativamente aliviadas da dor.

Quando pessoas que nunca foram particularmente fortes se elevam diante da adversidade, ou aquelas notoriamente egoístas se tornam altruístas e heroicas em uma emergência, tenho que me perguntar de onde tiraram essas qualidades que elas admitiriam livremente jamais terem tido. Minha resposta é que essa é uma das maneiras pelas quais Deus nos ajuda quando sofremos além dos limites de nossas forças.

A vida não é justa. As pessoas erradas ficam doentes, são roubadas, assassinadas em guerras e mortas em acidentes. Ante a injustiça da vida, algumas pessoas decidem que "Deus não existe; o mundo não passa de um caos", enquanto outras se perguntam "De onde tiro minha concepção do que é justo ou injusto? De onde vem meu sentimento de ultraje e indignação, minha resposta instintiva de empatia quando leio no jornal sobre um completo estranho que foi ferido pela vida? Não recebo essas coisas de Deus? Ele não planta em mim um pouco de Sua indignação divina com a injustiça e a opressão, assim como fez com os profetas da Bíblia? Meu sentimento de compaixão pelos aflitos não é apenas um reflexo da compaixão que Ele sente ao ver o sofrimento de Suas criaturas?". Nossa resposta à injustiça da vida — a empatia e a indignação, a compaixão e a ira de Deus operando por meio de nós — pode ser a prova mais segura da existência Dele.

Apenas a religião sustenta a autoestima da pessoa afligida. A ciência consegue descrever o que aconteceu a ela, mas só a religião pode chamar isso de tragédia. A voz da religião, quando se liberta da necessidade de defender e justificar Deus por tudo o que acontece, é a única que tem o poder de dizer ao aflito: "Você é uma boa pessoa e merece mais. Deixe-me estar a seu lado para que saiba que não está sozinho."

Nenhum de nós pode ignorar a questão de por que coisas ruins acontecem com pessoas boas. Mais cedo ou mais tarde, cada um de nós se vê representando um dos papéis da história de Jó — seja como vítima de uma tragédia, seja como membro da família, seja como o amigo que conforta. As perguntas nunca mudam, e a busca por uma resposta satisfatória continua.

Em nossa geração, o talentoso poeta Archibald MacLeish nos deu sua versão dessa história bíblica, agora ambientada em um cenário moderno. A primeira metade de sua peça de teatro *J.B.* reconta a história de Jó através de J.B., um empresário de sucesso cercado por uma família amorosa. Então, um por um, os filhos dele morrem. O negócio vai à falência, a saúde dele declina. Finalmente, toda a cidade em que ele vive e grande parte do mundo é destruída em uma guerra nuclear.

Três amigos chegam para "confortar" J.B., assim como na história bíblica, e mais uma vez as palavras proferidas são mais egoístas que consoladoras. Na versão de MacLeish, o primeiro é um marxista que garante a J.B. que nenhum dos sofrimentos é culpa dele. O então ex-empresário teve apenas o azar de ser membro da classe econômica errada na hora errada: era um capitalista na época do declínio do capitalismo. Se tivesse vivido em outro século, não teria sido punido. Ele não está sofrendo por nenhum de seus pecados, apenas foi esmagado pelo rolo compressor da necessidade histórica. J.B. não se sente confortado por essa explicação — para ele, essa é uma versão muito leviana de uma tragédia pessoal, vendo-o apenas como um membro de uma classe específica.

O segundo amigo a tentar animá-lo é um psiquiatra. Segundo ele, J.B. não é culpado porque não existe culpa. Agora que entendemos o que motiva os seres humanos, sabemos que não optamos por nada. Apenas pensamos que escolhemos. Na verdade, simplesmente respondemos ao instinto. Não agimos; somos movidos pelo instinto. Portanto, não temos responsabilidade nem culpa.

J.B. responde que tal explicação, que o descreve como a vítima passiva de instintos além de sua consciência, rouba-lhe a humanidade. "Prefiro sofrer todos os sofrimentos indizíveis que Deus enviar, sabendo que fui eu quem sofreu, quem mereceu a necessidade de sofrer, quem agiu, quem escolheu, do que lavar as mãos junto às Dele nessa inocência contaminada."

O terceiro e último amigo a confortá-lo é um sacerdote. Quando J.B. pergunta a ele por qual pecado está sendo punido com tanta severidade, ele responde: "Seu pecado é simples. Você nasceu homem. Qual é a sua culpa? O coração do homem é mau. O que você fez? A vontade do homem é má." J.B. é um pecador digno de punição não por causa de algo específico que tenha feito, mas porque é um ser humano, e os seres humanos são inevitavelmente imperfeitos e pecaminosos. J.B. retruca: "Seu consolo é o mais cruel de todos, tornando o Criador do Universo o mau criador da humanidade — uma parte dos crimes que Ele pune, tornando meu pecado um horror, uma deformidade."

J.B. não pode pedir ajuda e conforto a um Deus que é descrito como responsável pelo homem imperfeito, mas que o pune por sua imperfeição.

Tendo rejeitado as explicações dos três amigos, J.B. se volta para o próprio Deus e, como na Bíblia, Ele responde, sobrecarregando J.B. com Sua grandiosidade, citando linhas diretamente do discurso bíblico do redemoinho.

Até este ponto, MacLeish nos entrega uma modernizada história bíblica de Jó. O final, no entanto, é radicalmente diferente. Na Bíblia, a história termina com Deus recompensando Jó por ter suportado tanto sofrimento, restituindo-lhe a saúde e a riqueza e concedendo a ele novos filhos. Na peça, não há recompensas celestiais na cena final. Em vez disso, J.B. volta para a esposa e eles se preparam para morar juntos de novo e construir uma nova família. O amor deles, não a generosidade de Deus, vai gerar os novos filhos.

J.B. perdoa Deus e se compromete a continuar a viver. A esposa lhe diz: "Você queria justiça, não é? Não existe justiça, só existe amor." Os dois narradores, representando as perspectivas de Deus e de Satanás, estão perplexos. Como uma pessoa que sofreu tanto na vida pode querer viver mais? "Quem interpreta o herói, Deus ou ele? Deus é perdoado?" "Ele não é? Jó era inocente, você deve se lembrar." O trabalho de MacLeish responde ao problema do sofrimento humano não com teologia ou psicologia, e sim escolhendo viver e criar uma vida nova. Ele perdoa Deus por não ter criado um universo mais justo e decide aceitá-lo como ele é. Jó desiste de buscar justiça no mundo e, em vez disso, busca o amor.

No desfecho da peça, a esposa de Jó diz:

As velas nas igrejas estão apagadas,
as estrelas desapareceram do céu.
Sopre o carvão do coração
e logo veremos...

O mundo é um lugar frio e injusto no qual tudo o que eles consideravam precioso foi destruído. Todavia, eles olham para dentro da própria capacidade de amar, em vez de desistir da vida e do mundo tão injustos, ou olhar para fora, para as igrejas ou para a natureza em busca de respostas. "Sopre o carvão do coração" para o pouco de luz e calor que seremos capazes de reunir para nos sustentar.

Dimensions of Job [Dimensões de Jó] é uma coletânea de textos sobre Jó, editada por Nahum N. Glatzer e organizada segundo as tradições judaica, cristã e filosófica geral. Para este livro, MacLeish escreveu um ensaio no qual explica o que tentou dizer no fim de sua peça. "O ser humano depende de Deus para todas as coisas; Deus depende do ser humano para uma, apenas. Sem o amor dele, Deus não existe como Deus, apenas como mero criador, e o amor é a única coisa que ninguém, nem mesmo Ele, pode comandar. É um dom sem amarras, ou não é nada. E é mais legítimo, mais livre, quando é oferecido não obstante o sofrimento, a injustiça e a morte." Não amamos Deus porque Ele é perfeito, ou porque Ele nos protege de todo o mal e evita que coisas ruins nos aconteçam, ou por termos medo Dele, ou porque Ele nos punirá se Lhe virarmos as costas. Ele é Deus, e por isso O amamos. Ele é o autor de toda a beleza e ordem ao nosso redor, a fonte da força, esperança e coragem que reside em nós de outras pessoas pelas quais somos ajudados em tempos de necessidade. Nós O amamos porque Ele é a melhor parte de nós mesmos e de nosso mundo. Isso é o que significa amar. O amor não é a admiração da perfeição, mas a aceitação de uma pessoa imperfeita com todas as suas imperfeições, porque amá-la e aceitá-la nos torna melhores e mais fortes.

Por que coisas ruins acontecem com pessoas boas? — existe uma resposta para essa pergunta? Isso depende do que queremos dizer com "resposta". Se o sentido for "Existe uma explicação que vai dar significado a tudo isso?" — perguntas como "Por que existe câncer no mundo?", "Por que meu pai teve um tumor?", "Por que o avião caiu?" ou "Por que meu filho morreu?" —, então provavelmente não há uma resposta satisfatória. Podemos oferecer explicações eruditas, mas, no fim, quando tivermos cruzado o tabuleiro em xeque e nos sentirmos muito orgulhosos de nossa esperteza, a dor, a angústia e o sentimento de injustiça ainda estarão presentes.

No entanto, a palavra "resposta" pode significar também "explicação" e, nesse sentido, pode muito bem haver uma resposta satisfatória para as tragédias de nossa vida, como a de Jó na versão de MacLeish da história bíblica —

perdoar o mundo por sua imperfeição, perdoar Deus por não fazer um mundo melhor, conhecer e ajudar as pessoas ao nosso redor e continuar vivendo, apesar de tudo.

Em última análise, a questão de por que coisas ruins acontecem com pessoas boas se desdobra em perguntas muito diferentes — não mais por que algo aconteceu, e sim o que pretendemos fazer, agora que aconteceu, e qual será nossa resposta.

Você é capaz de perdoar e aceitar com amor um mundo que o decepcionou por não ser perfeito, um mundo onde há tanta injustiça e crueldade, doenças e crimes, terremotos e acidentes? Você pode relevar as imperfeições dele e amá-lo por conter grande beleza e bondade e ser o único mundo que temos?

Você é capaz de perdoar e amar as pessoas a seu redor, mesmo que elas o tenham magoado e decepcionado por não serem perfeitas? E também porque não existem pessoas perfeitas por perto e a pena por não ser capaz de amar pessoas imperfeitas é condenar-se à solidão?

Você é capaz de perdoar e amar Deus mesmo depois de descobrir que Ele não é perfeito, mesmo quando Ele o decepcionou ao permitir o azar, a doença e a crueldade em Seu mundo, e que algumas dessas coisas acontecessem com você? Será que você pode aprender a amá-Lo e perdoá-Lo apesar de Suas limitações, como Jó faz e como você aprendeu a fazer com seu pai e sua mãe, embora eles não fossem tão sábios, fortes ou perfeitos quanto você precisava que fossem?

E se puder fazer essas coisas, será capaz de reconhecer que a capacidade de perdoar e amar é a arma que Deus nos deu para nos permitir viver plena, corajosa e significativamente neste mundo imperfeito?

> *Penso em Aaron e em tudo o que sua vida me ensinou, e*
> *percebo quanto perdi e*
> *quanto ganhei. O ontem parece menos doloroso,*
> *e não temo o amanhã.*

Agradecimentos

O processo de transformar uma ideia em livro é longo e complicado. Em meus esforços, fui ajudado por muitas pessoas. Arthur H. Samuelson, da Schocken Books, foi um editor que me apoiou imensamente. Seu entusiasmo em todos os momentos tornou mais fácil para mim continuar escrevendo e reescrevendo, e suas sugestões de mudanças foram invariavelmente úteis. Os membros das duas congregações nas quais servi em Great Neck, Nova York, e Natick, Massachusetts, ouviram meus sermões, trouxeram-me seus problemas e com eles minha família compartilhou a vida e a morte de Aaron; eles podem, legitimamente, reivindicar uma participação na formulação deste livro. Embora os estudos de caso sejam extraídos de minha experiência pastoral, todos são combinações de pessoas que conheci, e qualquer semelhança com algum indivíduo específico é mera coincidência. Amigos íntimos leram o manuscrito em diversas etapas e sou grato pelos conselhos e pelas sugestões. No entanto, mais intimamente do que qualquer outra pessoa, minha esposa, Suzette, e nossa filha, Ariel, compartilharam a vida e a perda de Aaron comigo. Minhas memórias são também as lembranças dela, e rezo para que aquilo que me serviu de alento também as tenha confortado.

Harold S. Kushner
Natick, Massachusetts
1981

Este livro foi composto na tipografia Minion Pro,
em corpo 11,5/15, e impresso em
papel off-white no Sistema Cameron da
Divisão Gráfica da Distribuidora Record.